夢想之境　沒有地圖

不一樣的路

王麗娟 著

王明鉅、吳永輝
胡正大、陳正雄
黃祿予、曾子章
葉均蔚、簡上仁

（按姓氏筆畫順序）

王明鉅
台大醫院竹東分院前院長

陳正雄
電路板公益基金會董事長

吳永輝
台灣電路板協會理事長

胡正大
敦泰電子董事長

黃栩予
國碩集團碩禾電材執行長

曾子章
欣興電子董事長

葉 均 蔚

清華大學材料系教授

簡上仁
台灣民謠音樂家

夢想之境　沒有地圖

不一樣的路

王麗娟　著

王明鉅、吳永輝
胡正大、陳正雄
黃祆予、曾子章
葉均蔚、簡上仁

（按姓氏筆畫順序）

序言

14 走不一樣的路 航向產業新藍海
工業技術研究院院長⋯⋯⋯⋯⋯⋯⋯⋯⋯⋯⋯⋯ 劉仲明

18 自己的未來、國家的未來
產業人物 Wa-People 主筆⋯⋯⋯⋯⋯⋯⋯⋯⋯⋯ 王麗娟

22 翻轉思維 小醫院找到大價值
台大醫院竹東分院前院長⋯⋯⋯⋯⋯⋯⋯⋯⋯⋯ 王明鉅

60 從心集合 世界級新兆元產業
台灣電路板協會理事長⋯⋯⋯⋯⋯⋯⋯⋯⋯⋯⋯ 吳永輝
電路板環境公益基金會董事長⋯⋯⋯⋯⋯⋯⋯⋯ 陳正雄

98　**找對的人　共創生命輝煌紀錄**
敦泰電子董事長⋯⋯⋯⋯⋯⋯⋯⋯⋯⋯⋯⋯　胡正大

136　**膽識遠見　峰迴路轉的創業路**
國碩集團碩禾電材執行長⋯⋯⋯⋯⋯⋯⋯⋯　黃振予

174　**創新利他　逆境淬鍊獨特價值**
欣興電子董事長⋯⋯⋯⋯⋯⋯⋯⋯⋯⋯⋯⋯　曾子章

212　**材料創新　引領世人挖掘寶山**
高熵合金之父・清華大學教授⋯⋯⋯⋯⋯⋯　葉均蔚

250　**台灣音樂　採集創作的傳承者**
台灣音樂家・田園樂府團長⋯⋯⋯⋯⋯⋯⋯　簡上仁

（按姓氏筆畫順序）

工業技術研究院 院長
劉仲明

走不一樣的路
航向產業新藍海

　　全球區域經濟合作蔚然成風，智慧化整合科技的發展，促成產業結構的瞬息萬變，在此環境下，如何創造更高的價值，是臺灣產業面臨的重大挑戰。根據統計，我國製造業附加價值率約 23%，比起美、日、德等先進國家的大於 30% 以上，仍有努力的空間，在全球供應過剩的年代，產業要轉換思考方式，從追求量的成長，轉向價值的提升，勢必要走一條與過去不一樣的路。

　　《不一樣的路》一書收錄了八個不同領域的人物，因著理想與使命，走上與眾不同的路，終至開花結果的

故事，他們的勇氣與堅持，對當前尋求轉型、升級的企業來說，無異是一帖令人振奮的良藥。

從國碩科技、碩禾電子前董事長陳繼仁、執行長黃裕予伉儷的創業故事，我彷彿看到台灣科技人，用生命與熱情投入創新、創業的縮影。陳董事長以技術為本，歷經產業變遷，依舊不改其志，終於帶領碩禾成為全球數一數二的太陽能電池導電漿供應商。

高熵合金發明人葉均蔚教授，累積八年研究數據，提出高熵合金的研究成果，是近十年來全球材料科學的重大突破，不僅打破了合金只能以一兩種元素組成的迷思，也讓台灣在國際材料科學界占有一席之地。

台灣的電路板產業從技轉國外技術開始，逐步建立關鍵

技術材料的自製能力，造就我國電路板產業產值世界第一。現今，面對產業轉型的關鍵時刻，台灣電路板協會（TPCA）吳永輝理事長及電路板環境公益基金會（TPCF）陳正雄董事長的故事，進一步說明了技術的創新對產業的重要。

台大醫院竹東分院的王明鉅院長、深具使命感的台灣民謠音樂家簡上仁教授、打造兩岸 IC 設計合作新模式的敦泰董事長胡正大，以及持續創新、鼓勵企業內部創業的欣興電子董事長曾子章，都是不怕挑戰，勇於另闢蹊徑的產業典範。

台灣的創新研發能量一直都在，只是缺乏「走不一樣的路」的勇氣。如何以創新科技協助產業蛻變躍升，為產業注入創新活水，提高附加價值，是工研院的使命。我們從研究中汲取能量，以創新技術產業化的定位，期許自己成為企業的創新伙伴，與產業共同攜手邁向不一樣的路。

很榮幸應麗娟之邀，為她的新書《不一樣的路》寫序，麗娟是一位認真、用功的資深媒體人。尤其她為台灣科技業，為許多

執著理想的可敬人物，留下了動人紀錄，透過文字、網路廣為傳播，麗娟的大筆如椽，功不可沒。我們也期待臺灣產業在追求轉型昇級的過程中，勇敢的走不一樣的路。

產業人物 Wa-People 主筆
王麗娟

自己的未來
國家的未來

　　「長大了，你想做什麼？」這句話，其實是大人用來啟發孩子想像未來的魔法棒。每個人都有很長的時間，可以勾勒、想像自己的未來，只是有時候我們欠缺自信、不夠勇敢、放不下現狀的甜、又怕吃不了未知的苦，因此常被疑惑、恐懼、安逸給打敗，不敢大膽地想像未來、做出改變。

　　2014 年底，完成第二本書「影響」之後，某一天，竟然聽到三回「不一樣的路」這幾個字。這讓我想起了詩人 Robert Frost 寫的「未竟之路」The Road Not Taken，「黃樹林

裡分叉著兩條路，而我選擇了人跡較少的一條，這一來，使得一切多麼地不同⋯」。

我決定以「不一樣的路」當主題，展開主角約訪。感謝光寶集團前總裁林行憲、采鈺科技總經理辛水泉、阿托科技 (Atotech) 總經理楊志海的鼓勵與支持，更感謝八位主角對我們的信賴，百忙撥冗接受專訪，讓本書充滿了令人讚嘆的故事。

出版前夕，我得空回基隆看家人，手中剛好帶著校對稿。我跟母親躺在床上，一頁一頁地翻著，為識字不多的她講故事。母親聽得入神，頻頻點頭說，「啊！這樣好的故事，一定要說給更多年輕人聽呀」！

母親說出了我這幾年一直在努力的事。雖然起步的第一

年，適逢金融海嘯，但也正好讓「產業人物 Wa-People」以媒體平台及出版社的定位，從低谷出發，看到不一樣的奇妙風景。

想要做好一件事情，過程總有很多考驗，就像過五關一樣，要過得了這一關，才能走下一步。過程中，還有許多不可預知的挑戰，隨時會出現。

本書採訪過程中，情緒有很多轉折，或讚嘆激動、雀躍同喜，或哀傷沉吟、苦澀難嚥。書中主角的故事，帶給我很大的勇氣與動力，讓我深受啟發。此外，也有許多巧合發生。

其一是，採訪清華大學葉均蔚教授時，才知道國碩集團創辦人陳繼仁是他第一屆的學生。第二個巧合是，TPCA 吳永輝理事長及葉均蔚教授，不約而同都談到對工研院劉仲明院長的由衷感謝。其三是幾乎所有受訪者都選擇跳出舒適圈，因此展現以逆境淬鍊生命的動人故事。

我沒有時間去想，現在還有多少人讀書呢？我寧可相信，很

多人對未來，充滿憧憬與熱情，他們非常需要一個好故事、或者一句有力量的話，推他一把。

　　我期待，我們出版的「產業人物叢書」系列，能帶給讀者，特別是年輕人啟發。我也相信，每個人能夠好好掌握自己的未來，社會與國家的未來就有希望。

王明鉅

翻轉思維
小醫院找到大價值

健保制度若能鼓勵「預防」，將可大幅減少健保費的龐大支出。原任台大醫院副院長的他，於擔任台大醫院竹東分院院長二年期間，苦思偏鄉醫院的獨特價值與永續之道。他募款打造「東健康中心」，推動「預防醫學」，獲得廣大回響。

萬人肺癌篩檢

　　全球癌症案例正快速增加。衛生福利部國民健康署癌症防治組於 2014 年 4 月發佈新聞，引述世界衛生組織（World Health Organization）發表癌症研究國際機構 IARC（International Agency for Research on Cancer）的報告指出，未來 20 年癌症新發案例，將從 2012 年的 1,400 萬名，增加到 2,200 萬名，增加幅度達 57%。

　　肺癌、大腸癌及肝癌，並列為前三大癌症。尤其是肺癌，近年已攀升為國人癌症死因之首。台大醫院竹東分院前院長王明鉅指出，「肺癌如果能夠早期發現，治癒的機率很高」。不但能挽救許多生命與家庭，更將省下可觀的健保開支。

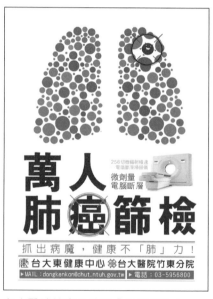

　　2015 年 6 月，位於新竹縣竹東鎮，台大醫院竹東分院的「東健康中心」開幕了。為了提醒大家早期發現、早期治療，東健康中心開幕後，第一波推出的就是平價實惠的「萬人肺癌篩檢」活動。

　　而王明鉅推廣「平價」健康

台大醫院竹東分院的「東健康中心」一成立，隨即推出價格超優惠的「萬人肺癌篩檢」活動，呼籲民眾檢視肺部健康

篩檢的心願，獲得企業家的支持與贊助。原來需要六千元的篩檢費用，降低至二千元，優惠一萬名民眾參加。王明鉅期盼，民眾不要再因費用太高的顧慮，錯失早期發現病徵的時機。以最尖端的設備、最優惠的價格，以及台大醫師群的醫療專業，東健康中心這三大誘因，讓「萬人肺癌篩檢」活動，一推出就獲得熱烈回響。

2008 年 6 月，王明鉅接任台大醫院企劃室主任

天龍國來的院長

王明鉅是南投草屯人。談起自己的童年，他說，小時候最快樂的事，就是去梧棲海水浴場玩水。

靠著努力，王明鉅在台大醫院不斷受到拔擢。他從 2008 年接任台大醫院企劃室主任後，展現了傑出的企劃力與執行力，2013 年還被中國經理人雜誌（CIOCEO）選為兩岸

2011 年，台大醫院副院長任內，王明鉅巡視心血管中心資訊系統，在 8A 外科病房先上線測試

三地資訊長 (CIO) 前五強。

　　原任台大醫院副院長的王明鉅，於 2013 年 8 月起，接任台大醫院竹東分院院長職務二年。他本來心想，來地方分院歷練一下也不錯。沒想到，來到竹東分院，光是環境就把他嚇了一大跳，而最大的壓力則是「如何讓這家醫院能夠永續經營」。

　　從無到有，從規劃到創立，台大醫院竹東分院「東健康中心」最大推手就是王明鉅前院長。2015 年初次來到東健康中心做健康檢查的民眾，很難想像這裡與二年前的面貌，簡直有如天壤之別。

竹東醫院的歷史 - 1994 年

　　翻開台大醫院竹東分院的歷史，1994 年興建的「台灣省立竹東醫院」，肩負著守護新竹縣大竹東地區民眾健康的重任，1999 年台灣省政府組織精簡後，改名為「行政院衛生署竹東醫院」，2011 年再改制更名為「台大醫院竹東分院」。（註1）

　　改制的原因，起於 2010 年國內多家署立醫院爆發採購弊案，損及民眾對於醫療體系的信心，政府幾經檢討後認為問題根源在「治理結構」，於是決定將過去的署立醫院，納入各大醫學中心。

　　因此，2011 年 7 月 1 日，署立新竹醫院（簡稱「署新」）與署立竹東醫院（簡稱「署竹東」）正式改制，分別成為「台大醫院新竹分院」，以及「台大醫院竹東分院」，納入台大醫院的組織系統。

穩賠黑歷史

雖說署新及署竹東改制為台大醫院分院的過程，王明鉅一直參與其中。他也早知道「署新」的營運狀況理想，而「署竹東」持續虧損。不過真正深刻感受到竹東分院的經營出境之窘迫，則是在正式接任院長之後。

長期以來，「署竹東」由於地理位置偏遠，每年必須靠政府補助，才能支撐營運。台大醫院接手後的竹東分院，虧損的黑歷史延續，雖然政府承諾繼續比照衛生署時代給予補助，不過這項補助從 2011 年 7 月 1 日開始，每年補助新台幣五千萬元，以五年為限。也就是說，2016 年 7 月 1 日起，竹東醫院必須為自己的營運成績負責。

院長一直換

每年五千萬元的補助款，對竹東分院來說，其實仍入不敷支。王明鉅發現，最令人擔憂的經營挑戰，並非把每年補助款的缺口補上，而是醫院應該如何找到自給自足、長期營運的基礎。一番省思後，他發現：「從衛生署時代到現在的衛生福利部，管理制度都出了問題！」

問題出在哪裡？王明鉅指出，幾乎所有醫院的帳目都是收入（包括政府補助）減支出等於盈餘。而盈餘的 80% 或 85%，拿來做為醫師的績效獎金。

他認為，健保給付制度只用一套辦法，就想一體適用於所有的醫院，是不對的。照這樣一套辦法，像竹東分院這樣人口不多的醫院，就診人數有限，不太容易有爆炸性的收入，就只能努力樽節開銷。也因此，龐大的營運壓力，壓得台大醫院竹東分院的院長職務不斷更迭，導致院長也一直換人。

離職風暴　人才留不住

王明鉅到任後不久，每天都收到同仁的離職單。一個、兩個、三個，幾乎每天都有。他花很多時間和同仁面談，詢問離職的原因。拿到台大 EMBA 商學組（95B）管理碩士學位的王明鉅，讀過許多管理相關書籍，他得到的結論是，「所有員工的離職都是老闆的責任，只是程度上或多或少而已」。

「我全部都沒有挽留成功」，王明鉅語氣難掩失落。兩年之間，幾乎所有的醫師都離開了。王明鉅想了又想，結論還是「這是整個台灣的醫療體系的定位錯了！」。

他還記得，剛來台大醫院竹東分院時，狀況很惡劣，包括醫界朋友在內，幾乎所有人都警告王明鉅，說這個醫院沒辦法經營。鄉下人口少、地方大、交通不方便、就醫困難，所以經營不容易，這些問題王明鉅都知道。但問題是，該怎麼辦？

竹東分院始終沒有找到自己的定位，對於它存在世界上的目的，

所要完成的任務及使命到底是什麼，沒有人清楚。連續二十年，靠國家每年補助五千萬元至今。王明鉅一度在心裡吶喊：「前面二十年、八任院長都找不到招數，我還能怎麼辦？」

王明鉅到任後才知道，身為竹東分院院長的重責大任之一，就是每月籌出四百萬元來發績效獎金，否則就留不住醫師。醫院為了減少支出，只好犧牲公共建設的開銷，不但燈不亮不修、天黑不開燈，形成整座醫院「燈不

2008 年台大 EMBA 商學組畢業

亮、路不平、電梯不動、馬桶不通」的恐怖景象，讓剛到任的王明鉅，大吃一驚。

台大成功模式　竹東不適用

苦思多日，王明鉅一直沒有找到辦法。後來他想，台大醫院每年營業額新台幣一百八十到二百億元，新竹分院大概三十三億元，到底醫院的營運，怎麼永續？這一想，突然就豁然開朗了。

　　分析起來，醫院營運能夠創造利潤，有六大方程式。分別是「藥價」、「檢驗」、「檢查」、「特別處置手術」、「自費」，以及包括院區停車場及小吃街等「業外收入」。但這六大方程式能夠締造利潤的前提都是，數量要夠大，人數要夠多。這六大方程式對竹東分院，幾乎無一適用。

　　竹東醫院賠錢的關鍵原因，在於量不夠。如果以賺錢作為評量標準，竹東醫院每年賠新台幣五千萬元，當然沒有價值；但如果因為人口不多而無法獲利的醫院，難道就沒有存在的價值了嗎？偏鄉的居民健康，又該由誰來照顧呢？

三年內必須做出改變

　　1994 年正式啟用的竹東醫院，到 2014 年才剛過二十周年生日，算起來，是全國最年輕的署立醫院。但這麼新的一家醫院，竟然燈不亮、路不平、電梯不動、馬桶不通，民眾怎麼能有信心來這裡看病呢？

　　「這個醫院沒有找到屬於自己的定位」，王明鉅剛到竹東分院的第一年，真是滿肚子疑問，無數個「怎麼辦」，天天攻陷他的大腦。在台大醫院工作了二十幾年的王明鉅，對營運管理駕輕就熟，不管是哪種挑戰都有自信迎戰；但竹東分院每年虧錢，必須靠補貼才能維持，政府的補助轉眼將在 2016 年結束，從 2013 年到任的那天起

竹東健康中心大廳鋪設的玉晶石，由中國製釉公司捐贈。王明鉅在現場蹲下來，為接待桌定位，以噴漆作上記號

算，王明鉅必須儘快找到解法，做出改變。

　　當政府的補助停止，竹東分院也許可以靠轉向台大醫院尋求補助度日。但王明鉅說，向人伸手要錢的日子，會抬不起頭，同仁們不會快樂。所以，最重要的關鍵還是，創造出自己的價值。

貼近員工　聊天發現問題

　　竹東分院之於台大醫院，很像被大公司收購了的小公司，這個小公司位處偏僻小地方，從沒賺過錢，大公司那一套完全不適用！

　　王明鉅就任後，經常聽到醫院的工作人員抱怨，他們根本不覺得這裡是台大醫院的分院，甚至還有民眾以為台大醫院竹東分院是台大醫院新竹分院的分院。相較新竹分院，竹東分院完全是慘賠且困境重重的對照組。

　　想著員工為何離職，想著別的醫院為何能夠有盈餘，真正讓王明鉅的思維翻轉，來個創意大轉彎的，是和院內的劉姓司機聊天。

院長的眼淚

　　王明鉅通車上班。他從台北搭高鐵到竹北，由劉姓司機到高鐵竹北站接送至竹東。有一回，王明鉅詢問劉姓司機每天的工作內容，這才知道，接完院長上班後，劉姓司機接著要開往新竹縣尖石鄉前山、後山交接的地方接病患到醫院洗腎。因為醫院除了救護車，就是這輛轎車了。

　　開到尖石山裡，單程要五十五分鐘。一路上，有三個洗腎病患要接。司機早上八點鐘出發去接，回到醫院已經十點。開始洗腎進行血液透析，需要四個鐘頭，所以到了下午二點，這位司機又要把三名病患送回山上，再返回醫院，已經下午四點。這就是游姓司機的一天。

　　王明鉅聽完劉姓司機一天的行程，當場傻眼。

　　洗腎一個禮拜要做三天，這三天當中，司機加座車，完全用於載運病患。若是有第四個、第五個、第六個病患呢？車子已經坐不

2015 年 4 月，東健康中心還在緊鑼密鼓改裝中

下，難道病患就因此無法洗腎、而等著斷送健康嗎？

　　這件事情帶給王明鉅極大的衝擊，也打開了困頓的思維。「竹東分院的確有存在的價值和使命，不能用一般醫院賺錢的價值觀去衡量」，王明鉅說，當他想到這個醫院的使命與價值，連自己都感動不已，眼淚幾乎掉了下來。

自立　才能治療更多人

　　任務與使命找到了！王明鉅接下來，就是要想辦法讓這家醫院

轉虧為盈、損益兩平，或者減少虧損。未來，在沒有政府補助的情況下，若能從每年賠五、六千萬元，變成只賠一千萬元，也算是成績。王明鉅希望讓竹東分院可以自立、抬頭挺胸，治療更多的病患。

王明鉅在心裡盤算著，若想從一年賠六千萬元，努力變成只虧三千萬元，這三千萬元的虧損若要彌平，則收入需要達到三億元，以 10% 的利潤計算，才能賺到三千萬元。分析竹東分院目前的收入來源，若要把收入提高到三億元，意味著要有更多的病患，而這對於竹東分院，幾乎是，無解。

年輕醫師的心聲

王明鉅到任後，幾乎天天都接到同仁的離職信。2013 年他剛到任不久，迎面而來第一個重大任務就是四年一次的評鑑，日子訂在 8 月 22 日。當時很多人都先遞辭呈，表明願意「幫」王明鉅做完評鑑，之後再離開。

辭呈來自行政人員、護理師，以及醫師。剛接掌院長的王明鉅搞不清楚狀況，也不知道為什麼每個人都要離開。他天天花時間與同仁進行面談，釐清大家想離開的原因。

有位年輕醫師坐下來談，王明鉅直言竹東分院薪水有保證，為什麼不留下來？年輕醫師表示，因為從台大醫院訓練完畢以後，本來覺得自己可以一展長才，但到了竹東分院，才發現沒事可做。相較於同期的同學在其他醫學中心或醫院，每天都會面對很多病人，

年輕醫師說「我一年功力就退化到他們的一半，兩年我差不多就要報廢，三年下去，我的人生就完了」。

有能力、想企圖心的年輕醫師，竹東分院留不住，因為這裡沒有

王明鉅曾支援亞東醫院一段時間。這是他與亞東醫院朱樹勳教授（左二）、心臟外科邱冠明醫師（右一）及麻醉科林子玉主任（左一）的合影

能讓他們施展的機會。他們在台大醫院可能一個月做三十個心導管手術，在台大醫院新竹分院可能一個月做十個心導管手術，在台大醫院竹東分院，可能一年都掛零，因為沒有設備。王明鉅終於體會，「最終不是薪水的問題，而是這裡無法讓他們成長」。

亟需轉型　注入活水

新竹縣人口少，地方大，交通不方便，就醫困難，所以竹東分院的經營不易。對行政員工而言，竹東分院的交通不便，薪水不到

位；對醫師和護理師而言，竹東分院的設備不足，病患少，無法培養競爭力。

竹東醫院極需要轉型和注入活水！王明鉅分析台大醫院的模式，體會到只要能夠創造價值，就能獲利。他希望也能為竹東分院找到獨特的價值，讓這家醫院得以自立。

台灣健保制度　必須改變

王明鉅想通了一件事，那就是，如果我們國家的健康保險與醫療制度，都認為竹東分院，應該要跟台大醫院做同樣的事，以同樣的評量尺度來衡量醫院的價值，做為支付醫院各項費用的標準，那麼，這套系統，真是大錯特錯。

「沒有價值這件事，有兩種可能」。王明鉅說，「其一就是我真的很爛，經營管理很爛，所以活該賠錢，應該倒閉。但另外一種可能是，對不起，你弄錯了！我其實是有價值的，只是你認為我沒有價值，不是我錯，而是你錯了」。

想通了這一點，王明鉅接著大刀闊斧所做的每一件事，目標都在於要證明，「健保局，你錯了」！

翻轉思維　預防醫學新目標

根據統計，竹東分院每天急診病患不到四十個人，大約只有台

台大醫院竹東分院空氣清新，環境充滿綠意。2015 年 4 月，醫院左邊的「東健康中心」
還在細部裝修

大醫院總院的十分之一。可是有個數字相當驚人，那就是，竹東分
院每天接到心臟猝死的人數，卻是台大醫院的六倍，很多病患還沒
到醫院就已經死亡。

　　原因在於老人家平時不舒服總是忍著，因為沒有交通工具，沒
有捷運，沒有計程車，即使不舒服，但看病太麻煩，又不忍心讓小
孩回來帶他去看病。導致平常很多毛病，都沒有好好照顧。老人家
總是撐著，拖到最後實在撐不住，才往醫院跑，這就是為什麼竹東

分院會有那麼多還沒到醫院就過世的案例。

　　王明鉅翻轉思維，並對醫院同仁喊話：「我們要走的路不是因人生病賺錢，而是要讓更多人健康來賺錢」。

　　王明鉅說，我們醫院存活下去的價值，就是因為我們可以 Make more people healthy。因為我們可以讓更多人健康，所以能夠獲利，並永續經營。

二十字口訣

　　台灣國民健康署每年花六十億元在健康促進及疾病預防，但花在治病醫療的錢，每年六千億元，比例上相當懸殊，是一比一百。

　　王明鉅為了讓大家都懂他想推動的預防醫學，發明了二十字口訣：「健康不生病」、「生只生小病」、「小病不變大」、「大病不致命」。他強調，最好的情況就是大家都在第一階段，健健康康不生病；但若是沒辦法生了小病，也只是感冒打噴嚏，生只生小病；若是得了慢性病，就努力不要產生併發症，這就是小病不變大；到最後一階若是得了癌症、心肌梗塞、中風等大病，那就致力於醫療救護，保住性命。

　　淺顯易懂的四個階段，越前面越好處理。但繼而一想，我們台灣如今的健保制度，卻都把錢花在第四階段「大病不致命」，相對地，對於最前面的二階段，卻不當作重點處理。

王明鉅說，現在情況就是萬一發現癌症，就追求最好的藥物，想辦法延長生命。但，「如果癌症能早期發現，不是很好嗎」？

台大醫院竹東分院不能做的，跟能做的，是什麼呢？王明鉅終於想清楚了。竹東分院不可能和台大醫院或其他大型醫院一樣，有那麼多的醫師做心導管手術，有二十四小時可以開骨科、神經外科等重大疾病的環境，竹東分院沒有那麼多的醫師，不可能執行。

台大醫院竹東分院可以做的是，幫助病患少發心臟病，少中風，癌症早期發現，在前期就好好照顧民眾的健康，而不是等到大病一來，無法處理。但前面的健康促進疾病管理預防的這些所有的事情健保局統統不給錢。

一人洗腎 國家成本五十萬

王明鉅舉例，若有個人腎臟功能不太好，腎功能指數是 6，就非洗腎不可。可是當一個正常人發現腎功能指數從 1 變成 1.2，就應該開始管理，讓情況停止惡化，而不是任由它一路壞下去。

每多出一個人洗腎，健保局一年就要增加支付五十萬元。如果能讓一個人的腎功能維持得好一點，少一個人洗腎，國家一年就可省下五十萬元。所以針對腎功能出現問題的病人，醫院應該想辦法照顧他，例如打電話提醒病人來看門診，叮嚀病人不要亂吃成藥，要注意腎功能、血糖不要惡化，也要注意血壓。

但現實的情況是，醫生跟病人說要多注意腎臟，並沒有任何誘因，病人仍過著自己的生活，沒有改變。等到腎功能指數慢慢飆高，醫院洗腎的病人越來越多，看起來醫院的業務量增加了，針對每一個病患，醫院可以向健保局請領五十萬元。但，現狀沒有改善的空間嗎？

小病不變大

王明鉅認為，醫院應該要做好疾病管理，讓「小病不變大」。他提出一個新政策的假設：前提是，鼓勵大家努力照顧腎功能健康，降低每年洗腎的人數。

如果健保局把原來要支付病患每年洗腎的五十萬元費用，先拿出一半，也就是三十萬元給醫院，由醫院來設計誘因，引導病患努力照顧自己的腎功能健康，只要晚一年洗腎，病患就多擁有一年的健康生活，而健保局支付洗腎的費用，也可因此大為降低。

這樣的政策，可以讓醫院把重點放在「預防」的工作上。王明鉅說，醫院可以設計誘因，鼓勵病患好好照顧自己的健康。這就好比目標管理，協助大家「小病不變大」就是目標。為了達到這個目標，醫院可以想各種方法來引導或協助病患。例如病患乖乖來看診、按照處方吃藥，過了一年再做檢查時情況穩定，指數沒有飆高，這些都值得給予大大的鼓勵。

王明鉅甚至舉例說，如果病患配合度高，年度健康檢查時發現指數控制得宜，醫院說不定花五萬元，送病患一部彩色電視機。他相信，只要有誘因，病患就會努力，撐住他的腎功能指數不飆高。如果這個假設成功，那麼晚一年洗腎就等同是替健保局省下五十萬元。王明鉅因此說，「健保收入是不是該換個方式，花在對的事情上」？

2014 年底，王明鉅獲頒國家產業創新獎—創新模式推手獎

把錢花在對的事情上

2014 年全國健康保險的總經費是 3,865 億元，如果拿出 1%，也就 38.65 億元，分給台灣六十家像台大醫院竹東分院這樣的地方

小醫院,負責照顧好一百或二百名患有糖尿病、高血壓、腎功能指數在慢慢往上爬的病患,協助他們遏止病情惡化。若達到標準,健保局補助就補助每家醫院六千萬元的經費。

為了證明這個想法的可行性,沒有資源的王明鉅,已先研擬了計畫去推動執行。

2014 年適逢台大醫院竹東分院二十周年院慶,他特別規劃舉辦了「萬人慢性病大篩檢」活動。為了鼓勵民眾踴躍參加,他還挖空心思設計誘因。

王明鉅與泰山企業董事長詹岳霖是舊識,因此他向泰山企業成功募到數千瓶芥花油,市價每瓶近一百五十元。他利用這些油,鼓勵民眾踴躍參加健康檢查,來抽血就送一瓶;抽完血後量血壓,接著填寫醫院的問卷,再送一瓶;若後續參加癌症篩檢、子宮頸癌、乳癌,再加碼送一瓶。結果當天破紀錄,共有一千三百人來量血壓,並有三千人抽血。

設計誘因:自發性管理健康

量血壓需要量三次,隊伍人龍很長,二百多人的人龍幾乎都排到醫院門外了。王明鉅看到其中有個排隊的阿婆,氣色很不好,就過去慰問阿婆不要排隊,但阿婆竟對王明鉅說:「給我號碼牌,我要去排隊量血壓!」其實,血壓計平日就放在醫院門口免費讓民眾

使用，但卻沒人要量。院慶當天，因為贈品的誘因，吸引了民眾爭先恐後參與。

王明鉅希望病患好好做疾病管理，只要遵循醫生指示，讓腎臟功能撐住不惡化，一年不惡化，就送贈品，如果兩年不惡化，再送更有價值的贈品。如果能透過一些誘因，讓病患願意自動自發做好疾病管理，政府也可以少花錢補助醫療費。

自力救濟找資源

2013年上任之初，王明鉅就觀察到交通困難是一大問題。當時劉姓司機就曾提議，借助王明鉅在企業界的人脈，也許可以為醫院募一部車。還記得那時候，王明鉅直接回答：「不可能」！

大型醫院有醫療能力，可以治療心臟病、中風、癌症等重大疾病，照顧了很多病人。企業界的大老闆若受過救命之恩，自然會心存感謝，送車給醫院。但台大醫院竹東分院的醫療資源差一大截，王明鉅第一個反應就是「大老闆怎麼可能會送車給我們」？

王明鉅堅信，台大醫院竹東分院的使命，就是要幫助大家「健康不生病、生只生小病、小病不變大」。

只是，要達到這個目標，士氣低落、經費不足，也沒有人才的竹東分院，該如何出發呢？王明鉅想了想，決定自己尋找資源，外出募款！

接駁巴士　募到了

　　王明鉅在擔任台大醫院副院長時，曾協助過一位建設公司的總經理，處理了他親人的醫療狀況。王明鉅想起這位總經理是竹東人，他就是璞園開發的總經理彭國恆。

　　台大醫院竹東分院位於離竹東鎮較遠的小山坡上，院區所在位置原為竹東鎮運動場，對沒有交通工具的民眾而言，就醫一直較為不便。電話中，王明鉅告訴彭國恆，近十餘年來，醫院一直希望能有交通工具接駁民眾就醫。（註2）

　　彭國恆請示後，璞園建築團隊董事長李忠恕慨然允諾這項捐獻，並以三百萬元購買中型巴士捐贈給台大醫院竹東分院。從此，竹東分院總算有輛新巴士，可以繞來繞去接送病患，提供更多人醫療服務。

　　2013年12月12日，台大醫院竹東分院在一樓大廳舉行巴士捐贈暨啟動儀式，由璞園建築團隊李忠恕董事長代表捐贈，王明鉅以竹東分院院長身份代表接受。典禮還邀請台大總院陳石池副院長、台大醫療體系管理發展中心張瑛執行長以及衛生局殷東成局長，共同見證這樁喜事。

　　台大醫院竹東分院從2013年12月起，提供免費接駁車服務。竹東地區與鄰近鄉鎮就醫不便的民眾，只要搭乘公車到竹東公車總站或下公館站後，就能免費搭乘接駁巴士，從此不必再走一段上坡路才到得了醫院。

2015 年 1 月，由善水公益夥伴捐贈的大型貴賓高鐵接駁車

開始募款之旅

　　過去經常受人請託的王明鉅，從一開始覺得不可能，到決定開口向企業勸募，在心態上，有了很大的轉變。雖說是為公不為己，但說起真正帶給他信心的，則是從 2013 年底成功勸募到新巴士才開始。

　　一輛嶄新的巴士，帶給了竹東無數民眾便利、帶給了王明鉅信心，也讓院裡的同仁看見了希望。

　　身負強烈的使命感，王明鉅開始了他的募款之旅。過去在台大

醫院從不需要募款，只需要專心做好醫療工作，如今來到竹東變成事事求人。但王明鉅臉上完全看不到一絲的適應困難，他笑說：「我知道我在做偉大的事。」

　　檢視過去的人脈，王明鉅的募款之行，彷彿一位傳教士。他為大家指出，目前健康照護模式的錯誤。強調要讓大家健康不生病，重點應該放在努力營造健康的環境。所以，醫院不應該像以前一樣，等著老人家生病就醫，而應該把健康管理的焦點，進一步往前，推進到「小病不變大」的階段。

改頭換面　挽回民眾信心

　　王明鉅首先把院內六個公廁區的所有馬桶換新。醫院在 1994 年興建之初，馬桶以蹲式為多，坐式馬桶每區只有一個，但這對年長者可說是很不友善的環境，不過如果算算費用，連工帶料起碼要五、六百萬元，沒有預算的王明鉅，想辦法透過朋友的朋友，向和成欣業募到了。

　　「這也是和成欣業贊助我們的」，王明鉅舉起手，指著醫院大廳一進門的大型白色牆面，漂亮的大磁磚陶板這麼說。

　　馬桶、鏡子、磁磚、水龍頭、天花板，紛紛找到有心人贊助，光是工錢就花了兩百多萬元。連負責環境綠化植栽工程的老闆邱宏鑫也大力相挺，原來一百萬元的工程，只收了二十萬元。這些翻新，讓竹東分院改頭換面。一位在地的民眾笑著說，我們當然有感受，

這個醫院不一樣了，有在改變呀！

喚醒民眾健康意識

　　整個 2014 年上半年，王明鉅都忙著做醫院硬體的改善工作。他的目標是，在 2014 年 6 月 21 日院慶時，以嶄新的面貌舉辦「慢性病大篩檢」。這場慢性病大篩檢，由「肝病基金會」補助大部分費用，加上泰山企業贊助的數千瓶苦茶油，讓民眾等於免費參加健康檢查，同時還有贈品可拿。

2014 年 3 月，台大醫院竹東分院大廳，挑高牆面正在鋪新陶板

　　三千多名受到鼓舞的民眾，前來參加篩檢。檢查報告出來了，有將近 10% 的民眾，健康亮紅燈。這些民眾大都不知道自己的健康出狀況，有人罹患糖尿病，血糖高達三、四百的，卻都不知道。

　　緊接著，2014 年 9 月，新竹縣政府補助七十歲以上老人，在竹

東分院做老人健康檢查。王明鉅說，那是慘淡的第一次，總共只有八百多位高齡民眾參加。2015 年再接再厲、改弦更張，王明鉅說，一方面也許是知名度打開了，另方面也可能是有派車接送、規劃更好、更有條理，所以人數成長八成，增加到一千五百多位。

一方面設計誘因，另方面則想辦法排除不利因素，吸引民眾到醫院來做健康檢查，王明鉅朝著健康預防與健康管理的目標前進。他說，我必須讓民眾重視這件事情，我要管理你的健康，當然要知道你是誰。

認養老人安養中心

向企業募款時，王明鉅表示，他要透過認養老人安養中心，來證明預防醫學的價值。在他的規劃下，出動台大醫院竹東分院的藥師、護理師、復健治療師協助安養中心，注意老人的營養、運動、飲食、藥品，著重在健康的維持。

「讓原來只能躺的，變成可以坐輪椅；坐輪椅的，變成可以站；站了可以走，能走的可以走得更快；能走得快的，可以去運動吊單槓，這就是目標」，王明鉅說。

這個計畫預計一年的經費是二百萬元，王明鉅有信心，連續三年就會做出成績。重點要讓老人遠離醫院，而不是更多的長期照護中心。王明鉅想辦法讓醫院的專業人員，進駐到老人安養中心，用捐款鼓勵醫院裡的醫師、藥師、護理師、營養師去幫忙這些需要的

人，把基本機制建立起來。

改變醫病關係

王明鉅為了募款，幾乎用盡所有的人脈。王明鉅笑說：「以前在台北認識的所有人，現在大概都很怕我，因為我都找他們要錢！」

因為知道自己做的事情，將大大改變台灣的醫療制度與觀念，所以每次募款，王明鉅和企業家站在一樣的高度，共同討論如何讓台灣變得更好。這樣的態度和推廣預防醫學的用心，讓企業家很少拒絕王明鉅。

透過認養老人安養中心來，驗證預防醫學的價值，王明鉅除了第一年募款成功，實行下來已有初步成果，老人家的身體狀況明顯好轉，體重不再減輕，活動力也更好。

創新打造　預防醫學新典範

來自幾位企業家與朋友的二百萬元的捐款，沒有用來買任何硬體設備，而是用來增聘了一位物理治療師、一位護理師，來協助養護中心，一起照護中心裡的老人家，以及用來購買了許多營養品。王明鉅認為他們需要營養品，因為沒有營養就沒有肌肉，就沒有力氣。接著請復健職能治療師，帶老人們玩遊戲，增加心智功能，不要退化；物理治療師扶老人們運動，加強肌力；護理師注意藥品，服藥、量血壓；醫師就是每個禮拜去看診。這些錢都是靠企業募款，

而非來自健保局的經費。

　　王明鉅帶著資源與計畫，找上竹東鎮的長安老人養護中心，表示要來幫忙，他的目的是，希望以三年的努力，在此建立預防醫學的新範本。當時該中心正處於谷底，因為經費短絀和人事更迭，曾一度被評鑑打成丙等，差點都要關門了。

　　台灣人口趨向老化，高齡人口越來越多。王明鉅認為，這是一個需要好好關注的問題。一個養護中心，七層樓的一棟房子，可以照顧一百位老人。若是一年二百萬元，等同一年每個人只要花二萬元，就可以讓他們少生病、少跌倒、少中風，有力氣、有活力，可說是很有價值的投資。

　　如果未來老人養護中心，能夠提供安全、衛生的環境，還可以把老人家照顧得健康愉快，就像住進五星級飯店一般。王明鉅就能大聲告訴年輕人，「你們去打拚工作，老人家就交給我們來照顧」。

找到醫院新定位

　　要想讓全民健康保險制度可以永續推行，不能靠調漲保費，而是必須翻轉台灣醫療的現狀。王明鉅認為，最重要的是，健保應該將資源重新配置，補助預防疾病的費用。唯有如此，才能真正節省健保費的總支出。

　　在國家健保制度還沒有改變之前，王明鉅知道，光靠他向企業募款是不夠的。醫院還是必須趕快找到自己的價值與生財之道，才

能夠存活下來。王明鉅找到的答案，就是被大家稱為菁英健康檢查的高階健檢，而且他要打破因為費用太高，造成大多數人裹足不前的現狀。

健檢的意義

雖然很多人年年都做身體健康檢查，但發現罹患癌症時，已經很嚴重，其中很大的原因是，他們所

王明鉅到聯發科總部拜會蔡明介董事長，請他支持「萬人肺癌篩檢活動」，獲得最大的支持與最溫暖的鼓勵

做的健康檢查不夠精密，因此無法在早期發性病徵，耽誤了治療的黃金時機。

國人三大死因，分別是癌症、心臟病及中風。要能夠早期發現這三類疾病，必須做磁振照影及電腦斷層。由於費用很高，一般人覺得負擔不起，所以被稱為菁英健檢或高階健檢。多數人會轉而選擇價位較低的檢查項目，求個心安。但王明鉅認為，這樣的健檢無法早期發現病徵，根本沒有意義。

早期發現　治癒率高

以肺癌為例。由於沒有自覺症狀，所以很多人發現罹患肺癌時，已經到了嚴重的第四期。

王明鉅說，如果能在第一期就發現，癌細胞小於一公分，不但不用化療、不用電療，開刀後四、五天出院，然後半年做一次電腦斷層追蹤即可。開刀五年後有九成到九成五的人，都有機會還活得好好的。

但如果癌症病情到了第三期或第四期，開完刀以後雖然也是四、五天出院，但後續常常需要化療和電療，每年服用標靶藥物也要花六十萬元，開刀五年後，大約只有三成的人存活。

要能夠篩檢出早期肺癌，最有用的利器，就是低劑量胸部電腦斷層掃描，另外，還有做全身腫瘤檢查的磁振造影（MRI）。由於這二項檢查設備的價格昂貴，目前檢查費的市價分別為六千元及六萬元，這正是讓很多人望而卻步的主因。

四億打造　東健康中心

王明鉅對企業主說，請幫助我第一桶金，讓我累積一萬人、二萬人、三萬人，最好五萬人的實際數字，未來能夠說服健保局，與其等到那麼多民眾罹患癌症，才來替他們支付標靶藥物的錢，還不如挪出部分經費，補助民眾做健檢。

王明鉅希望
透過企業贊助，
將民眾做高階健
檢的費用降低下
來，讓更多人可
以早點發現問
題、早點治癒，
重獲健康。只要
能證明這麼做可
以幫助更多人重
獲健康、幫健保
局省下更多錢，
就有機會說服健
保局改變。

2015 年 4 月 12 日，竹東分院大門口，可做全身腫瘤檢查的
磁振造影儀 (MRI) 裝機，王明鉅在這台最先進的 3T MRI 的裸
機上簽名

　　這個宏觀又充滿勇氣的心願，打動了一位企業家。不願具名的
這位企業家共捐了新台幣四億元，其中三億二千萬元支持台大醫
院竹東分院購入兩台最先進的設備，分別是最好的磁振照影儀（3T
MRI），以及低劑量的電腦斷層掃描設備（CT）。

　　另外八千萬元用於醫院的公共設施，改善原來路不平、燈不亮、
馬桶不通、電梯不動的窘境，最後連承包工程的老闆都捐了燈具。

2015 年 6 月，台大醫院竹東分院的東健康中心開幕

就這樣，全新風貌的台大醫院竹東分院「東健康中心」於 2015 年 6 月 25 日開幕了。這一天也是台大醫院竹東分院建院二十一周年，以及由署立竹東醫院改制為台大醫院竹東分院四周年的紀念日。

高階健檢　六千變二千

　　高階健檢費用居高不下，主要是因為設備太貴，固定成本太高。以低劑量電腦斷層掃描設備為例，一台機器要價新台幣七千萬到八千萬元，加上維護保養費，等於每台造價新台幣一億五千萬元，

所以過去收費一次都要六千元。

　　透過理念說明，王明鉅獲得泰山、台開、聯發科、維康等企業贊助，支持東健康中心，得以提供六星級的設備及服務，卻只收三星級的費用。東健康中心開幕推出的「萬人肺癌篩檢」活動，民眾只需支付二千元，就可以接受過去要價六千元的低劑量電腦斷層掃描。

　　王明鉅希望透過降價，讓更多人可以做癌症檢查，肺癌檢查從六千降到二千元，而且機器是全新的。唯有早期發現，才能盡快治療。提高治癒率，同時也避免浪費治療癌症末期的醫療資源。

推動高階健檢普及化

　　像「東健康中心」這樣的預防醫學，在竹東可以做，在其他小鄉鎮也可以做。而且這個經營模式，未來可以和鄰近城市的大醫院合作。

　　台灣若有十個像「東健康中心」這樣的醫學健康中心，每年做一萬人的肺癌篩檢，以千分之五的比例計算，篩檢十萬人可能就會找到五百個肺癌患者。醫學健康中心若增為二十個，每年就可能早期發現一千個肺癌患者，透過早期發現早期治療，那麼台灣每年因肺癌去世近九千人的數字，就會開始下降。王明鉅說，如果真能做到，那台灣就是世界第一的健康島了。

2009 年，王明鉅與父親，在父親的墨寶前合照。牆上二個台大心血管中心的 LOGO，以及「東健康中心」的 LOGO，皆是父親的設計

　　如果大家都有預防醫學的意識，懂得把錢花在醫療前端，知道早期發現可以提高治癒的機率，那麼目前因為發現得晚，發現後八成都是癌症晚期的遺憾，就可以改變。

萬人篩檢　造福台灣

　　台大醫院竹東分院「東健康中心」的萬人肺癌篩檢活動，果真

吸引了許多人參加。除了大新竹地區的民眾外，對於遠道而來的民眾，院方也提供專車到高鐵竹北站接送的服務。

「東健康中心」萬人肺癌篩檢活動贊助者之一，台開集團董事長邱復生，在受邀出席的記者會上表示，他在十五年前也是透過篩檢，「在肝臟看到小點點」，後來到台大醫院處理，至今健康良好，他以親身經驗，呼籲民眾多利用篩檢，早期發現異常，重獲健康。

至於什麼是「微劑量」電腦斷層掃描呢？王明鉅表示，最先進的微輻射極速電腦掃瞄儀，其輻射劑量相當低，大約等同二到三張X光片的輻射劑量，比起過去，已經大幅降低。

第一批受檢報告出爐。包括竹東分院同仁在內的前三百位受檢者的篩檢，結果超乎王明鉅的預測。看著實際的統計數字，王明鉅完全確信，「東健康中心」的萬人微劑量電腦肺癌篩檢活動，一定會造福全台灣。他也在第一時間，把初步檢查結果，告訴了最大的支持者。這位企業家對王明鉅說，「這是我們所作的最有意義的事」。

高齡化　就是現在式

高齡化，已是台灣的現在式。假設高齡人數變成過去的二倍，該怎麼辦？台灣沒有那麼多醫院、醫生、病房，整個健康醫療體系很可能會走向崩潰。王明鉅認為，要徹底解決這個問題，只有一個答案，就是省。

如果在小醫院能夠把「健康不生病」、「生只生小病」、「小病不變大」，好好地做好，就不會有那麼多的病人。

王明鉅說，透過這些努力，也許沒有辦法讓大家完全不生病，但他希望未來可以做到讓新竹地區的民眾，癌症死亡率最低；減少中風及心肌梗塞的人數；新竹縣竹東鎮老人家的死亡率，比台北市大安區更低；高齡糖尿病患者，併發症的比例也比大安區低；讓住在竹東老人安養中心的長者，比住在家裡更快活、更健康。

不一樣的路　歡迎模仿

王明鉅希望讓健保局明白，與其花大把金錢在挽救生命的治療，不如多支持前段的健康檢查，以及健康管理照護。

從天龍國轉任地方小鎮，雖只是短短二年，但王明鉅已經走出經營的黑暗幽谷，闖出一條不一樣的醫療路，讓小醫院找到大價值。他最大的願望是「改變現在的健保制度」，對於自創的經營模式「健康不生病，生只生小病，小病不變大」，則說，歡迎模仿。

（註 1）新竹早期只有位於西邊的省立新竹醫院。1982 年新竹縣、市分家後，現任新竹縣縣長邱鏡淳，當年是台灣省的省議員，他和另一位省議員周細滿極力爭取，希望在新竹的東邊，也蓋起一座醫院。1994 年，省立竹東醫院終於興建完成。

（註 2）來源：新竹縣政府全球資訊網（2013 年 12 月 12 日）

我們要走的路，不是因為人們生病而賺錢。而是要因為能讓更多人健康，所以得以永續經營！

——台大醫院竹東分院前院長　王明鉅

陳正雄・吳永輝

從心集合
世界級新兆元產業

吳永輝率「台灣電路板協會」創各大公協會先例，推出產業白皮書，以六年三階段，推動台灣第三個兆元級產業。陳正雄率「電路板環境公益基金會」深入校園，投入環境教育，積極打造綠色及公益平台，提升整體產業永續競爭力。

放眼全球 PCB 產業史

美國於 1925 年發明了全球第一片印刷電路板 (Printed Circuit Board, 簡稱 PCB)，至今剛好九十年。電路板產業的技術創新，支持美國的電器產品領先全球，1984 年美國印刷電路板享有全球四成以上的佔有率。（註 1）

看好印刷電路板產業為電子產品之母，日本在 1980 年成立新能源及產業技術總和開發機構 (簡稱 NEDO)，持續投資產官學研共同合作的研發計畫，推動日本印刷電路板技術加快商品化與實用化的腳步。靠著 1991 年的電腦、2000 年的行動電話需求暴增，給日本的印刷電路板產業，帶來了二波段大躍進的成長。

1960 年代以後，歐美廠商基於成本考量，加上台灣經濟正值起飛之際，美商安培便於 1969 年來台，成為台灣第一家 PCB 廠商。台灣產品高性價比深獲國際客戶的青睞，帶給台灣業者很好的成長機會，2000 年到 2008 年，台灣 PCB 產業年複合成長率高達 12.2%。

超過 600 家廠商　7 成緊密結合

1996 年台灣電路板產業受邀參加第七屆世界電子電路大會 ECWC-7，當時沒有正式全國性組織可參與國際性活動，僅能暫以高爾夫球隊代表電路板產業出席。在同業及熱心人士醞釀推動下，終

1996 年台灣電路板業者以高爾夫球隊名義出國參加世界電子電路大會（ECWC-7）

TPCA 成立會所座落於桃園市中正路

於在 1998 年 3 月正式成立「中華民國印刷電路板發展協會」(Taiwan Printed Circuit Association，簡稱 TPCA)，創會理事長為華通電腦董事長吳健，秘書長由志聖工業董事長梁茂生擔任，創會會員廠商三百二十一家。

世界電子電路大會 (ECWC) 是世界電子電路聯盟 (WECC) 的重要官方活動，每隔三年輪流在各國舉行。TPCA 成立隔年，1999 年邀集會員廠商組團到日本，參加第八屆世界電子電路大會 (ECWC-8)。2000 年為擴大服務全球會員，改名為「台灣電路板協會」，並開始自辦 TPCA SHOW，如今 TPCA 會員廠商成長至六百多家。

台灣電路板相關企業預估近千家，形成完整而集中的電路板產業鏈，其中七成密集分布於新竹以北，涵蓋上游材料、特用化學品、周邊設備與工具、電路板製造與加工廠。

台灣電路板製造廠商的海內外布局完整，上市上櫃廠商幾乎在兩岸都有設廠。而電路板製程設備與材料供應商面對全球客戶，其國際觸角更廣，除了東南亞，更延伸到歐、美、中、日、韓等國。

來自鄉村　少年喇叭手

台灣電路板協會第八屆理事長暨嘉聯益總經理吳永輝，成長於純樸的嘉義六腳鄉古林村。他說，他的家鄉一度被媒體評為全台灣最貧窮的村落。小時候的生活雖然清苦，但由於父親是公務人員，

所以日子過得還算穩定、溫馨。

身為老大的吳永輝，有兩個弟弟一個妹妹，性格上受父親影響很深。2015 年初，在父親的追悼會上，吳永輝緬懷父親的十大優點，包括務實守法、做人圓融，都是父親以身作則、教導傳承給他的人格特質。

學校社團中，吳永輝經常擔任重要幹部。從國中到高中，他都擔任學校管絃樂隊的首席小喇叭手。嘉義朴子最繁華的市區，每逢國慶或重要慶典，幾十個中小學聚集，吹響第一聲起鳴號的，就是吳永輝。

1984 赴日學習軟板技術

沒有背景，鄉下長大的吳永輝，年輕就到台北找工作。靠著自己摸索，他找到了一個書局的工作，從早到晚，從倉庫管理、業務到店員工作，全部都做。他笑稱自己只有高中畢業，書讀得少，但摸的書卻很多。

做人公正、誠懇務實的吳永輝，很得老闆信賴。退伍後，他想換工作時，老闆就派他到新莊的電子工廠上班。但吳永輝每天晚上仍辛勤地回到台北市的書局兼差店員，所以才認識書局會計，進而成了太太。新莊這家電子工廠生產養魚幫浦，也是老闆的事業之一。後來工廠轉型，找到日本企業技術合作，就這樣，1984 年，受

到老闆信賴的吳永輝到日本去學軟性電路板（Flexible Printed Circuit, F.P.C.）的技術，後來又與一家美國企業技術合作，再到美國受訓。他沒有想到，從此他會在軟板領域，走出一條風貌洋洋的大道。

九個夥伴創業　成立嘉聯益

軟性電路板的技術，在日本很早就應用於傻瓜相機及無線對講機（Walky Talkies）上，吳永輝擔任領隊帶團到日本及美國受訓，是台灣第一批引進軟板技術的人才。只是早期軟板的應用領域不多，1984 到 1987 年間，月營收「如果有一千萬元，就要放鞭炮了」。吳永輝說，也許因為營收一直未見成長，因此老闆似乎沒有長遠投資的計畫。

過了六、七年，一起共事的九個同事，決定離職創業，於 1992 年創立了嘉聯益科技（Career Technology）。創業之後，吳永輝不斷提醒同仁要對老東家心懷感恩，謹記自己是在那裡被訓練栽培出來的，嚴禁惡性競爭，因此兩家公司一直維持友好的關係。

1997 年，對軟板事業是個轉捩點，這一年台灣的筆記型電腦大幅成長，開始大量用軟板，帶動兩家公司持續成長，2002 年嘉聯益股票上櫃後，2003 年透過普訊創投董事長柯文昌及中華開發等股東促成，嘉聯益和老東家公司合併。

整併後更壯大的嘉聯益，由吳永輝擔任總經理。該公司以創

TPCA 第八屆理事長吳永輝在展會開幕剪綵與吳敦義副總統合影

新（Creation）、積極（Activity）、和諧（Rapport）、誠摯（Earnest）、效率（Efficiency）及負責（Responsibility）為公司經營理念，如今除了在台灣、中國昆山、蘇州及深圳設有生產基地，也在美國、芬蘭、新加坡、香港、中國北京、東莞、成都及廈門等地設置子公司及辦事處，建立起全球運籌供應系統。

創立軟板促進會 鏈結產業

　　與硬板大廠比較起來，早期軟板業務規模小得多，吳永輝為了聯絡軟板同業情誼，在台灣電路板協會（TPCA）主動創立軟板促進

TPCA 與 TPCF 服務團隊

會。從研討會、聚餐、打球，建立起融洽的關係。吳永輝連任軟板促進會多屆召集人，期間成功凝聚台灣軟板上下游供應鏈的共識，2010 年更發行台灣首部軟板外觀允收準則，隨後再出版軟板組裝要項檢驗準則，供軟板應用產業凝聚品質共識，直到 2013 年被推選為 TPCA 第八屆理事長才交棒。

吳永輝說，TPCA 是個低調的協會，但外界對 TPCA 的風評十分正面，關鍵在於會員參加協會，就是投入協會公共事務後以推動產業願景為優先目標，不為利益糾葛，沒有爭權奪利，謹守公私分明。

賣力深耕　產值創世界第一

1969年，美商安培電子在台灣設廠，成為電路板產業人才搖籃。此後台灣電路板產業開枝散葉，不但帶動周邊設備材料業者蓬勃發展，更放眼全球布局，至今已超過四十五年。

1992年電路板廠滬士電率先前往大陸設廠，隨後，台灣電路板產業在兩岸發展出更靈活綿密的產業網絡，兼顧高階利基及大量平價的應用市場，成為全球智慧手機、個人電腦、遊戲機、汽車電子、消費性電子及各種創新產品最有力的支持與後盾。2010年，台灣電路板產業締造驚人成就，海內外產值與產量均達全球第一。全球超過五成的手機、八成的筆電，以及七成的平面顯示器，都使用台灣生產的 PCB 產品。

隨著台灣 PCB 產業於海內外的生產規模持續擴大，已讓台灣 PCB 產業成為全球第一大，市佔率達 31%。2014 年台灣 PCB 產值達新台幣 5,500 億元，加上設備與材料，總產值達 8,000 億元。

TPCA　專業服務平台

台灣 PCB 產業快速成長，吳永輝對 TPCA 秘書處服務團隊的效率，以及隨時在會員廠商的需求上盡心盡力，給予高度肯定。2000年起舉辦的 TPCA SHOW，不但為電路板產業建立專業形象，並成為國際交流平台，2012 年更榮獲經濟部國際會展躍升展覽金質獎殊

榮。 而 IMPACT 則於 2007 年由 TPCA 發起，跨界整合電路板、構裝與 SMT 等四大國際技術研討會，團結台灣產、官、學、研的力量，透過資源整合與互補，IMPCAT 影響力已然成形，並成為國際構裝與電路板新技術的交流舞台。

2009 年 TPCA 新會館落成啟用典禮

為了服務大陸台商，2007 年 TPCA 於蘇州成立辦事處。2009 年 TPCA 會館落成啟用，隔年設立職業訓練中心，並首度舉辦 ECO 台灣低碳博覽會。隨後 2011 年成立「華東華南事務委員會」服務大陸會員，配合政府推廣清潔生產及綠色工廠，協助會員提升綠色競爭力。

2011 年 TPCA 舉辦第 12 屆世界電子電路大會 (ECWC-12) 後，隨即獲邀負責「世界電子電路聯盟」(WECC) 秘書長單位，由 TPCA 秘書長賴家強接任 WECC 秘書長，期間透過 WECC 平台，順利協助全球產業修改 UL 安全規範標準，讓標準得以符合產業發展與兼顧驗證成本，又進一步提升 TPCA 的國際影響力。

第 12 屆世界電子電路大會 ECWC-12 以梅花造型設計 Logo，向國際傳遞台灣科技與文化創新精神

轉型　不一樣的路

世界各國 PCB 產業的生產基地，基於成本考量，都有全球布局與策略性規劃。外表看似產業外移，骨子裡卻都訂有長遠發展的戰略。

以日本為例，雖然超過一半的產值來自海外的生產基地，但在國內「日本

2011 年 TPCA 主辦第 12 屆「世界電子電路大會」(ECWC-12)，接著承接「世界電子電路聯盟」(WECC) 秘書處單位，進一步提升 TPCA 的國際影響力

新能源與產業技術總合開發組織」仍繼續以「能源/環保」及「工業技術」兩大主軸,投入低功耗光傳輸電路與印製電子等技術,持續擔任引領尖端技術前進的推手。(註2)

以推動 2020 年兆元產業為願景,TPCA 發布產業政策白皮書

韓國的 PCB 產業,在獲得兩大品牌 Samsung 及 LG 優先採用之餘,更訂定產業策略白皮書,要在 2018 年達到三大目標,包括全球市場占有率達二成、實現市場多元化並改善體質,以及達到材料七成與設備八成國產化的目標。

中國過去靠著低廉的生產成本與終端市場的誘因,吸引世界各國 PCB 業者到中國設置生產基地。不過隨著陸資同業的崛起與本土供應鏈逐漸成形、薪資持續上揚,加上政府的優惠方案即將結束,使得在中國設廠的外資企業,面臨越來越大的壓力。

2014 年,面對大環境變動、國際競爭對手追趕,以及中國紅色供應鏈帶來的威脅與機會,TPCA 為了「產業地位升級」及「強化產

業優勢」，推出「台灣電路板產業白皮書」，創下全國公協會推出
前瞻宏觀發展計畫的先例。

白皮書　六年三階段推動

「台灣電路板產業白皮書」的最初構想，來自台灣區電機電子
工業同業公會（簡稱「電電公會」或 TEEMA）顧問尹啟銘。聽了他
的建議後，TPCA 理監事會立刻啟動作業。歷經九個月、針對六大構
面，舉辦數十場產官學研專業人士座談會，計六百多人次參與，終
於凝聚目標遠大、執行務實的發展策略。

從 2015 年起，計畫以六年時間，分別在「全球戰略布局」、「串
連終端產品」、「勞力與人才發展」、「環安衛發展」、「智慧自動化」
及「材料與技術升級」等六大關鍵議題共同努力，這份台灣電路板
產業白皮書，再一次凝聚了 TPCA 會員廠商的革命情感。

2020 願景　新兆元產業

依照白皮書的行動方針，TPCA 希望推動台灣 PCB 產業於 2020
年達到新台幣 1.15 兆元規模，成為台灣繼半導體、平面顯示器產業
之後，第三個兆元級產業。

 2020 新動能 再造台灣兆元產業

「台灣產業以中小企業為主,面臨到共同議題時,一定要集中力量,團結合作」,吳永輝說,靠著產業協會自己的力量擬訂的產業白皮書,希望能凝聚各界力量,推升台灣電路板產業成為兼具高附加價值、環保、自動化與高競爭力的國際級產業。

目前 TPCA 對內已成立白皮書策略小組,組織六大構面的產、官、學、研專家約八十餘位,成員仍持續廣納各界賢能之士。加上協會各專責委員會與促進會,從 2015 年起,以六年、三階段,逐步朝目標邁進。此外,定期發佈的「台灣電路板產業永續報告書」及兩年發布一次的「產業白皮書」,將作為持續檢視與調整策略方針的推進器。

白皮書六大推動方針提出後,身為 TPCA 理事長,吳永輝帶著白皮書,拜會了許多中央與地方首長,以實際數據和未來產業願景,爭取支持。吳永輝表示,包括經濟部部長鄧振中、科技部部長徐爵民、勞動部部長陳雄文、工業局局長吳明機、新北市市長朱立倫,以及桃園市市長鄭文燦,都表示將全力支持,讓他十分感動。

2015 年初,經濟部召開紅色供應鏈應對策略會議,吳永輝以 TPCA 理事長的身分受邀與會。他於會中表示,TPCA 早在一年前就已將紅色供應鏈當成最大議題,每年定期觀測中、日、韓同業的發展,除了掌握競爭態勢,也布局合作機會。

透過白皮書有系統地與主管機關溝通,TPCA 得到政府從中央到地方各部門正面的迴響。如產業聚集的桃園市,市府已認同 PCB 為

桃園特色產業，並給予回台投資企業高度的協助。工業局則以綠色工廠標章，鼓勵產業提昇綠色製造能力；而在創新研發方面，也將原補助單一企業，轉而以鼓勵上下游聯合開發型計劃為主。勞動部則與 TPCA 簽署安全夥

2014 年桃園升格，帶動 PCB 產業發展

伴協定，以營造最佳職場環境為目標。透過白皮書，讓中央與地方政府更加重視 PCB 這個「工業之母」的長遠發展。

產學合作 培植新秀

　　打開手機外殼，裡面高精密的印刷電路板，充滿著台灣人的智慧與心血。吳永輝說，如果能多讓年輕人認識台灣的印刷電路板產業，為全世界的電子產品做了多大的貢獻，也許可以讓他們覺得，加入這個產業，是很酷、很值得驕傲的事。

　　吳永輝說：「要解決人力問題，辦法之一就是從學校的教育訓練做起」。TPCA 自 2005 年成立 PCB 學院、繼而於 2010 年通過成立附設職業訓練中心。除開辦各項專業課程供業界人士進修外，也與超過十六家台灣、大陸各地之大專院校相關科系合作，開設電路

板學分班，並提供學生優渥之獎學金、舉辦論文競賽及輔導實習就業。而 TPCA 十多年來也出版超過二百本產業專業書籍，涵蓋技術面、產業趨勢、規範準則、電路板季刊等，做為戮力提升產業人才的知識平台，每年持續推陳出新。

透過白皮書的發布，包含在勞動力數量與質量上的提升、促進產學人才合作、在職進修等人力議題，更是六大環節中，不可或缺的一環。

生產力 4.0　大勢所趨

智慧自動化是白皮書的另一重點。吳永輝說，每家廠商對自動化的需求不盡相同，PCB 因精密化的要求下，製程繁複冗長，所需要的設備、工具、材料多樣多量，生產 PCB 產品又因客製化，無法大量標準化製造與庫存。因此過去多以追求單機精密製造與自動化為主。如今電子產品越來越精密與多樣化，加上人才流動造成品質控制、大數據分析科技的起飛等因素，加速智慧自動化與工業 4.0 的應用，成為全球 PCB 產業競逐的目標。

台灣 PCB 產業同樣關注這樣的趨勢，因此，吳永輝也帶著白皮書拜訪工研院院長劉仲明，請他指點迷津。劉仲明院長也非常認同，台灣 PCB 產業要在最短時間內看到競爭力提升，智慧自動化是必要走的路。工研院已成立跨所專案，將全力協助規劃 PCB 產業應用雲端巨量分析技術，解決製程參數並有效異質整合，加速台灣 PCB 產

業朝高值化邁進。工研院的參與，將為電路板產業的自動化注入強心針。

推動環安衛　打造綠未來

為鼓勵產業節能減碳，符合國際環保趨勢，經濟部工業局於 2012 年建立「綠色工廠」標章制度，受理工廠申請。（註 3）

取得綠色工廠標章，需要在硬體及軟體，都符合綠色規範。硬體方面，廠房建築需取得內政部「綠建築標章」，至於軟體部份，則必須在生產及營運管理上，通過「工業局清潔生產評估」。（註 4）

截至 2015 年底，TPCA 會員已經有八家通過清潔生產的評估。在白皮書政策推出後，TPCA 進一步將協助會員廠商取得「綠色工廠」標章，當成提升會員綠色競爭力的重要使命。第一階段，將與相關輔導機構配合，協助廠商通過清潔生產的認證。接下來，將再朝取得綠建築標章的目標，繼續努力。

綠色工廠一開始，被認為是昂貴的投資。但隨著 2006 年歐盟實施有害物質管制法 (RoHS) 後，走向綠色材料與製造，已是大勢所趨。

以製程廢水回收而言，由於台灣的自來水相當便宜，因此投資回收製程用水，處理淨化再利用的成本相對較高。不過 2015 年上半年全台灣大缺水，讓大家共同經歷了靠水車運水，每台車要價好幾萬元的搶水經驗後，如何節省製程用水及回收後再重複利用，已

受到進一步重視。

另一方面，白皮書的發布，也讓勞動部了解電路板產業對於工業安全的努力與決心。2015 年 5 月，TPCA 與勞動部職業安全衛生署簽訂「安全夥伴合作備忘錄」，將與政府部門密切合作，共同打造友善安全的工作環境，吸引更多人才安心就業。

台灣魅力　四大優勢

台灣電路板廠商超過半數坐落桃園，形成全球距離最短、密度最高的產業鏈。吳永輝認為，台灣 PCB 產業最大優勢是「靈活應變、群聚效益高」，從技術、品質、交期到效率，都是世界一流。客戶的工程變更通知單（ECN），在台灣就是能以最神奇的效率執行完成。

其次是產品多元。從單雙面、多層、高密度連接板（HDI）、軟板、軟硬板、IC 載板，到特殊金屬板都有，可滿足全球客戶各種採購需求。

第三是兼具產能、技術、成本與品質管理的優點，不但海內外產能規模最大，技術涵蓋高階與量產型產品，並不斷追求高密度與細線化，在成本與品質控制上，也日益精進。

第四點最關鍵，台商講究「誠信」，只要答應你的，一定會全力以赴。吳永輝認為，台灣這麼小，卻能夠在全球電子資訊產業佔有重要地位，絕對有它的道理。

事在人為　英雄不怕出身低

高中畢業後踏入社會，一路打拼的吳永輝，從沒有想過有朝一日，自己會成為上市公司的總經理，而且還能有機會為台灣產業的長遠發展，扮演重要的推手。

「我的背景這麼差，年輕時我對自己的人生期望是七十分，沒想到如今我可以做到八十分」，吳永輝坦言，三十年前，他完全無法想像自己未來的發展。

品格正直，熱愛工作，是吳永輝認為最重要的。不管你是老闆、幹部、職員或是掃地的工人，擔任任何職務，「最重要的就是品德」。他說，董事長也好，掃地工也好，地上撿到一塊錢，不應該有的就不應該拿。擔任公司的採購，要面對多少誘惑，但「品格與道德，是最重要的」。

對吳永輝而言，企業成敗，不在於規模大小或獲利高低，而是能夠在穩固的基礎下，以最高的道德規範，永續經營下去。

成功之鑰　貴在人和

「用歡喜的心，做該做的事」，吳永輝說，每當翻開舊照片，當年辛苦創業的日子，就會浮現腦海。也許如今不能要求年輕人吃同樣的苦，但他總是提醒同仁，只要你帶著一份歡喜心去做，一定可以從中獲得許多珍貴的禮物。「一個好工作，不是去找來的，而是在歡喜中做到的」，吳永輝分享了這樣一個小秘密。

　　至於為什麼從小吳永輝，總是經常被推選為站在前面的領導者，他說，這也許還是應該感謝父親帶給他的人格教育，教他待人處事要正直，要公正。如今他經營企業及擔任協會理事長，也總是以平等信任之心，對待團隊同仁。

串聯合作　齊心共好

　　白皮書發布後，從經濟部、工業局、勞動部到科技部，TPCA 理監事會與秘書處四處奔走拜會，除了推廣台灣電路板產業的重要性，也積極尋求資源，希望能參與既有的平台並與之連結。

　　吳永輝說，「台灣的產業要好，不能只靠電路板產業或任何單一產業，我們期待其他行業，例如電子業或機械業，也能一起呼應」。

　　包括台灣工具機暨零組件工業同業公會（TMBA），台灣區電機電子工業同業公會（TEEMA）及台灣電子連接產業協會（TECA），都主動到 TPCA 拜訪，了解白皮書的研究過程。看到白皮書帶來的迴響，理監事們都感到相當欣慰。吳永輝說，他相信齊心共好、眾志成城，未來希望還能影響更多產業，規劃各自的發展策略，為台灣創造更有價值的經濟效益，推動社會發展。

跟不跟得上 0 與 1 之別

　　產業技術躍級進步之際，吳永輝指出，無論是電路板的硬板或

軟板,如果不能掌握市場的趨勢及客戶需求,未來將不是訂單變少,例如由 30% 變 20% 的問題,而是 0 與 1,有訂單和沒生意的天壤之別。

以軟板來說,目前有一半的應用是智慧型手機。手機追求輕薄短小,規格越來越精進,不但電路板的線路要變細、產品要變薄、孔距要變小,未來手機由目前的 4G 往 5G 推進,傳輸速度更是大幅加快。電路的傳輸率為了符合高頻、高速的傳輸需求,所有的材料及製程技術,也都要能夠提前到位。

強化優勢　產業升級

台灣電路板產業擁有世界一流的技術、製造經驗豐富,效率卓越。加上有半導體產業的連動效應,對整體產業未來發展,奠定了穩固的基石。

不過,電子產品及應用不斷創新,也給台灣電路板產業帶來嚴格的挑戰。唯有能夠精準掌握尖端技術,滿足客戶在微小化、細線化,以及高頻高速的需求,才有機會贏得高價值的商機。

從 2015 年起的未來六年,TPCA 要如何做到強化優勢,並協助產業升級呢?在這場國際競賽中,台灣電路板產業像是在競技場上的選手,要能取得好成績,必須在製造技術、市場機會、智慧自動化、綠色製造、產業人才等各方面,仰賴國內各學校、研究機構及政府政策性資源的支持。

電路板環境公益基金會　2015 年創立

2015 年 3 月 12 日，財團法人電路板環境公益基金會（TPCA Environment Foundation，簡稱 TPCF）舉辦成立大會暨揭牌儀式，由 TPCA 第六屆及第七屆理事長陳正雄擔任基金會的第一屆董事長，向大眾宣布基金會營運正式開始。

2015 年電路板環境公益基金會 TPCF 開幕暨揭牌儀式

說起來，早在基金會成立之前，電路板協會對公益活動早已投入多年。陳正雄擔任 TPCA 理事長期間，於 2010 年舉辦「台灣低碳博覽會」，規劃節能減碳教育導覽課程，以七大教育主題專區，讓學生透過互動過程，體驗節能減碳的重要性。

此後電路板協會對於公益活動的投入更見頻繁，組織分工上，起先這些活動列入 TPCA「聯誼活動委員會」的業務範圍，但由於專責與功能性考量，在當時 TPCA 副理事長梁茂生的建議下，2013 年 3 月特別成立「公益活動特別委員會」，而這個委員會就是電路板環境公益基金會的前身。

談笑間　凝聚共識

從 2008 到 2013 年，陳正雄連任兩屆 TPCA 理事長，五年任內，

他主持並推動協會多項重要大事。2008 年金融風暴,深具前瞻眼光的陳正雄凝聚會員們的共識,決定把在台北世貿展覽館舉辦了八年的年度大展 TPCA SHOW,移往南港展覽館舉辦。

陳正雄希望解除外界對電路板產業的環保誤解,努力推動綠色工廠標章、在 TPCA 會館增設第一期太陽能光電設備,並於 2012 年開始邀請環境綠色專家,舉辦 ECO 達人的校園巡迴分享會。

化學老師 加入產業

陳正雄大學就讀國立台灣師範大學化學系,畢業後被分發到省立員林農工擔任化學老師。在這裡,他認識了隔壁班的年輕女導師,二人很快就結婚成家。當兵退伍後一年,陳正雄考入台塑集團的台化公司任職,賣力工作了八年,被擢升為課長。

TPCF 第一屆董監事

2008 年 TPCA SHOW 年會晚宴，陳正雄
以東道主身分招待國際友人

燿華電子 (Unitech) 創辦人
張平沼於 1984 年準備創業，在
建立團隊過程中，想起了陳正
雄。陳正雄這時在台化公司，已
經學會成本控制與效率管理，加
上他的理工背景，正是電路板產
業最需要的人才。

燿華電子於成立隔年開始生
產，陳正雄加入的工號是 003，
如今已是資歷最深的員工。
2014 年，張平沼出席燿華電子
成立 30 周年的慶祝活動，他回
想公司初創的資本額是新台幣

9,000 萬元，成立一年就嚴重虧損，把 9,000 萬元的股本都虧光了。
如今，燿華電子已成為台商 PCB 廠任意層高密度連接板 (Any-layer
HDI) 製程的重要廠商，在高階 HDI 製程的表現受到國際矚目。

接受挑戰　歷練豐富

從教職到台化，再從台化到燿華電子，進入電路板產業，工作
性質大不相同，挑戰也很大。一開始，陳正雄擔任品管部經理、製
造部經理，接著轉任工程部經理，再調到業務部門擔任協理。

　　為了開發業務，陳正雄經常風塵僕僕地出國拜訪客戶。有時千山萬水、又是飛機又是轉車才好不容易到了客戶的公司，卻只能有很短暫的面談時間。有時候還得面對趾高氣昂的採購人員，甚至長時間在會客室枯等，相當辛苦。

　　有一回陳正雄拜訪美國一位客戶，受到了十分親切的接待，不但咖啡香醇，還請陳正雄吃飯。感動之餘，陳正雄暗下決心，無論是價格或交期，只要能力範圍做得到的，一定要好好支持這家客戶。

　　帶著這份心情回國後不久，陳正雄被升任副總經理，包括採購、人事行政與財務，都歸他管轄。這一來，他角色一變，從原來的賣方變成買方，成了協力廠商要來拜訪的對象。

　　將心比心，陳正雄決定以對待客戶的態度，禮遇前來推銷商品的廠商，把「廠商客戶化」。事實證明，陳正雄這麼做，反而為公司帶來了更大的幫助。

人氣延伸　跳級當選理事長

　　陳正雄參加電路板協會的聯誼委員會，由於他秉持「廠商客戶化」的作法，善待協力廠商，因此擁有很高的人氣，很快就被推選為聯誼會的召集人。

　　當欣興電子董事長曾子章，即將卸下電路板協會第五屆理事長職務時，呼聲最高的繼任人選本來是燿華電子的總經理許正弘，只是他表示工作繁忙，無法兼顧 TPCA 與公司的業務，因此就推薦燿

接棒，2008 年陳正雄由第五屆理事長曾子章手中接過印信，接任 TPCA 第六、七屆理事長

華電子執行副總經理陳正雄參選。

一般而言，TPCA 理事長的誕生流程，先是參選理事，接著再選常務理事、副理事長及理事長。陳正雄一開始參選理事，就以著超高人氣，獲得眾多會員及理監事的肯定。一下子就被推選為第六屆理事長，接著，還連任第七屆理事長。（註5）

台灣電路板協會的會員，向心力非常強，經年打球是一大關鍵。陳正雄說，早在 TPCA 成立之前，包括電路板廠及許多供應商就組成一支高爾夫球隊，平日感情就很好。TPCA 高爾夫球隊有平日、假日及南區隊，大陸則有華東及華南隊來服務會員。陳正雄不但擔任過平日隊與假日隊的會長，至今還是華東隊的會長。協會會員們很多交流都在球場上完成，溝通效率常比聚在一起開會還好。

陳正雄說，大家打球打了二十年，從未間斷，球隊裡熱心的人很多，協會的向心力能夠這麼好，「我覺得球隊的功勞蠻大的」。

做公益　從贊助球隊開始

　　TPCA 公益活動特別委員會由十七位委員組成，很早就投入公益。除了贊助體育大學高爾夫球選手培訓，也媒合企業長期贊助棒球隊。慢慢地，大家都覺得應該成立基金會，更專心、更長期投入。

　　「一開始想成立基金會，想的都是公益」，陳正雄說。經過六次公益活動委

陳正雄擔任 TPCA 理事長期間，分別由嘉聯益總經理吳永輝（右）及志聖工業董事長梁茂生（左）擔任副理事長

員會、捐款人會議及二次董事會籌備會議，並拜訪多家基金會，會員一致認同綠色公益平台極具意義，如果能積極推動環境教育及公益事務，不但端正電路板產業的形象，還可進而提升產業的綠色競爭力。

讓綠色永續　使愛心無限

　　大家凝聚了共識，確立基金會的定位後，隨即發起募款計畫。

在 TPCA 理監事們的支持下，獲得業界二十位人士熱心捐助，同時也向環保署提出成立「財團法人電路板環境公益基金會（TPCF）」的申請，終於在 2015 年元月獲准成立，以綠色環保、環境教育、綠色平台、綠色人文到國際接軌等五大方向，提供專業服務。

陳正雄希望該基金會展現獨特價值，提供電路板產業環境與公益的服務平台，鏈結產業綠色製造、永續經營的整體形象，並進一步提升產業綠色形象與競爭力。

環境教育　深入校園

低碳教育從小做起。TPCF 承續台灣電路板協會從 2012 年開始推動的 ECO 達人校園巡迴分享會，持續將生態環保的觀念，帶進校園。分享會的範圍，從桃園市國中、小學開始，接著推廣至新北市、新竹縣市，2015 年更擴大到高雄市的國中小學。陳正雄說，這項「ECO 達人校園巡迴分享會」活動，是「基金會的最大亮點」。目前已舉辦約五百場，嘉惠師生五萬八千人次。他希望這項活動，未來能夠走遍全台每個縣市的國中、小學。

對於一項好創意，能否持續推動下去，陳正雄認為，最關鍵的是共同合作的夥伴。為了保持長遠的續航力，TPCF 以金三角架構，系統化地將政府機構、環保生態達人志工團，以及熱心贊助企業，緊密連結在一起。

各縣市政府的教育局與環保局，擔任「ECO 達人校園巡迴分享

ECO 達人校園分享會深入校園，推廣環境教育

會」的指導及協助單位，促成該項活動進入校園。ECO 達人及講師
志工團，則為國中、國小學生設計節能減碳的教案，不但內容多樣，
而且輕鬆活潑的互動教學，讓學生簡單易懂。而熱心企業的贊助，
就近認養在地學校，更是該項活動能夠持續推廣的動力。（註6）

人文關懷　綠色公益平台

TPCF 成立後，以更有計畫性、系統性的方式，打造基金會成為
一個有效率的公益平台。除了主動關懷社會各個角落，也希望進一
步影響產業與社會大眾，發揮崇高的人道精神。

基金會的公益平台，除了支持桃園市「音樂在街角」的文化活
動外，也促成介壽國中泰雅森巴鼓隊，到日本參加文化藝術活動與

國際交流。在弱勢團體的支持上，除了採購公益商品、認養懷德育幼院院童外，也贊助偏遠地區愛心米糧及早療兒童的教輔具。

出錢出力　反應熱烈

為了讓會員廠商牢牢記住環境公益基金會，陳正雄還想了一句響亮的口號－「你出錢我出力，大家一起做公益」，讓大家朗朗上口。他想提醒會員廠商，基金會這個平台，除了可以提升大家的綠色競爭力之外，也可以協助有心回饋社會、善盡企業社會責任的廠商，規劃並推廣有意義的公益活動。

過去協會在環境教育方面，分別以舉辦研討會，以及由 ECO 達人到校園舉行分享會這兩大方向進行。已經舉辦好幾年、頗具口碑

TPCF 支持介壽國中泰雅森巴鼓隊，到日本參訪

的校園分享會，過去都是由協會編列預算推動，基金會成立後，2015 年首度開放在地會員廠商就近認捐。

這項認捐計畫原本規畫 200場，但推出沒多久很快就額滿了。有的企業一口氣認養好幾場，有的還額外加派志工到校園。除了企業，也有多位會員是個人掏腰包認捐，大家出錢又出力，十分踴躍。

TPCF 標誌（左上）及 ECO 達人校園分享會的吉祥物

帶人帶心　無私捨得

陳正雄說自己的人生座右銘很簡單，就是「捨得」二字。他說自己越實踐就越發現，捨愈多得更多。

一方面，他固定把收入的 10% 捐贈出去，另一方面，他公私分明，而且在很多花費上，都自掏腰包。他沒想到，這些小地方讓許多人默默看在眼裡，敬意油然而生，也因此讓他擁有好人緣。

對於服務眾人的職務，陳正雄也做得很投入。他在擔任 TPCA兩屆理事長、長達五年期間，每星期至少會抽出一天到協會會館看看，帶人又帶心，因此許多 TPCA 同仁都與他建立了深厚的情誼。

投入公務服務的陳正雄不但從不喊累，還說自己因此結交到許多好朋友，很有成就感，覺得自己「得到蠻多的」。

有了如此體會的陳正雄，還陪同當選 TPCA 第八屆理事長的嘉聯益總經理吳永輝，去拜訪嘉聯益的董事長蔡長穎。他以過來人的心得，要蔡董事長別擔心「輝哥」擔任 TPCA 理事長會影響工作。他說，擔任理事長代表你受到肯定，獲得大家的信賴，在服務大家的過程中，會讓自己的眼界大開，格局變大，處世將更為宏觀。而對公司的形象與能見度，也會大大加分，都是很好的事。

柔性影響力

看過那種鼻子長在頭頂、得意忘形的採購人員，讓陳正雄下定決心，在自己擔任採購主管時，將「廠商客戶化」，像對待客戶那樣地對待廠商。多方的歷練，讓陳正雄處世圓融，充滿智慧。

關鍵是「老婆很重

陳正雄與夫人吳美琪以愛相隨、鶼鰈情深

要」，陳正雄說太太獨立性強，對他的工作很支持，是他「最大的支柱」。還記得在彰化工作時，陳正雄由於輪班疲累，太太要生產了，竟然自己拎著包包就去醫院，全然沒有埋怨。從帶小孩到大小家事，太太也都一人完成。

工作之餘，從打球到晚宴，陳正雄的夫人都會陪同參加。很多人笑稱，他是一人當選、二人服務。陳正雄認為夫妻相處之道最重要的是培養共同的興趣，這樣才有共同的語言、共同的朋友。於是陳正雄愛打小白球，夫人也試著投入，每次打球夫人均會陪同，而夫人喜愛按摩養生，這也漸成陳正雄的喜好，兩人愛相隨也就可見一斑。

資訊透明　把錢花在刀口上

環境公益基金會，獲得廠商及會員的信賴，陳正雄強調首要做到的就是資訊透明。募款金額多少，用在哪裡，都要清清楚楚回報，確保捐款人的每一分錢，都花在刀口上。

「能夠做到資訊透明化、公開化，就能獲得大家的支持」，陳正雄說，基金會一定要建立這樣的形象。為了取得公信力，基金會還特別請知名會計師事務所來簽證。

陳正雄還有一項堅持很特別。他要求捐款的金額不必太大，不求多、只求久，不論公司或個人，能夠持續長久的支持最為重要。

桃園縣中平國小少棒隊打進威廉波特世界少棒賽，
TPCF 媒合企業長期贊助，培育國球棟樑

他希望投入公益能有更多的人參與，而不是只有來自少數人的大筆捐款，期盼善心捐獻，能夠積沙成塔，保持長遠。

定期回報　服務成果

隨著時代進步，企業社會責任的觀念日益受到重視，企業在追求利潤的同時，也要對利害關係人，包括員工、股東、上下游供應商及客戶等負責，並對環境及社會帶來貢獻，如此才能成為受人肯定的一流企業。

陳正雄說，環境公益基金會是個平台，將廣徵會員需求與意見，再歸納出行動方針。舉例而言，基金會承續過去 TPCA 耕耘多年的綠色平台，媒合企業長期贊助桃園中平國小的棒球隊，讓球隊經費短絀的窘境得以紓解，教練可以專注於培訓球員，讓孩子們專心練球。

　　從科技出發，友善環境、關懷社會，陳正雄說，TPCF 的核心價值在於提升環境的綠色競爭力，善盡社會責任，並促進產業永續發展。他希望透過定期回報與結案報告，號召大家充分信賴基金會，並一起為社會多做點事。

（註1）1925 年美國人 Charles Ducas 於絕緣基板上印出電子線路圖案，再以電鍍製程，製作出第一片印刷電路板。

（註2）2001 年日本在海外生產 PCB 比重僅為 11.6%。2013 年已升高為 51.1%。NEDO 專注技術開發，規劃 2013-2017 年投入「超低功耗的光傳輸電路技術開發」，2010-1015 年投入「新一代印刷電子材料與工藝技術開發」等兩項計畫。（資料來源：台灣電路板產業白皮書，2014 年）

（註3）經濟部工業局依「行政院智慧綠建築推動方案」，於 2012 年建立綠色工廠標章制度，受理工廠標章申請。

（註4）全國有五十家企業廠房通過清潔生產評估系統，TPCA 會員占了其中八家。

（註5）2009 年 TPCA 通過理事長任期修正案，由二年改為三年一任。

（註6）目前參與的達人合作夥伴，包括桃園市環保局、新北市環境教育中心、綠色陣線協會、荒野保護協會、台灣濕地保護聯盟高雄分會、欣興電子、興訊科技、財團法人梧桐環境整合基金會、白屋藝術村及河川教育中心。

提升產業的綠色競爭力及綠色形象，
是電路板環境公益基金會最重要的使命。

—— 財團法人電路板環境公益基金會董事長 陳正雄

產業白皮書的精神，貴在串聯與合作。

期盼眾志成城，齊心共好，推動產業再升級。

—— 台灣電路板協會理事長　吳永輝

胡正大

找對的人
共創生命輝煌紀錄

他認為的富有，是生命輝煌的亮度。兼具半導體技術與管理經驗的他，曾代表台灣產業，打贏兩場國際官司，寫下全球紀錄。他辭去台積電副總職位，十年創業，成就亞洲第一。如今，他正壯大團隊，朝世界第一的新目標邁進。

富有的人生

　　敦泰電子創辦人暨董事長胡正大，在家排行老么，上有二個哥哥、二個姐姐。大哥胡正光、二哥胡正明，加上胡正大，三兄弟的名字串起來，就是「光明正大」。

　　名聞全球半導體界的胡正明博士，是胡正大的二哥。兄弟二人從小到大，總是羨慕對方的排行比較好。胡正大說胡正明當老三好，因為兄弟姊妹全有了。而胡正明則說，排行老么，才是好上加好。

　　小時候曾有個算命先生，預言未來胡正明會很有名，而胡正大會很富有。如今胡正大慢慢體會，算命先生的話似乎不差。胡正明的發明，幫助全世界的半導體技術取得重大突破，成了全球風雲人物。而胡正大從學業、就業、成家、創業，一路走來多姿多采，讓他覺得人生相當富有。

　　胡正大說，太太是他的知己。不但懂他、支持他，二人連價值觀都很相像。他說，「我們覺得的富有，不是擁有很多金錢，而是對人生各面向所擁有的，覺得很滿足及感激」，兩個兒子，一個是電機博士，一個是法律博士，均已成家立業。特別是胡正大當上爺爺之後，只要看到四個可愛的孫子、孫女的照片，臉上就會洋溢出滿滿的幸福。

　　他笑著說，朋友多次建議他換輛好一點的車子，但是胡正大和太太二人，在台灣至今依舊共開一部 TOYOTA 汽車。夫妻倆不講究名牌，反倒是能夠呈現傑出性能價格比的車子，更能夠獲得他們的青睞。

胡正大與二個兒子　　　　　胡正大與孫子、孫女

杭州空校　父親從軍

　　胡正大的父親，江蘇人，蘇州中學畢業後，由於家貧，小小年
紀就投身軍旅，報考杭州筧橋中央航空學校。要不是視力檢查不合
格，其實，飛上青天才是他的原本夢想。

　　雖然不能開飛機有些遺憾，但父親擔任機械工程師，做事十分
投入。從小，胡正大就常聽父親笑著說，他是「替飛機洗澡」的人。
其實，每當遇上飛機事故，父親與同僚就要奔往大江南北去救人、
救飛機。哪怕是多麼小的一片飛機殘骸，都要運回基地來想辦法修
補及復原。

　　父親講的故事，總是那麼驚險、新奇、充滿刺激，是胡正大從

小最愛聽的。

　　有一回，飛機在大陸北方失事，父親和同僚為了把飛機找回來，一行人來到了鄉下。鄉民對空軍十分崇拜，想著父親他們來自南方，習慣吃米飯，於是就辛辛苦苦地把麵粉做成米的樣子燒給他們吃。一滴又一滴的水灑下去，遇上麵粉就凝結成一小粒、一小粒的小麵糰，就這樣把它當做米，非常熱情地招待他們。

西安事變　機智脫難

　　西安事變時，由於無線通訊缺乏，父親與同僚一行人不知情地飛抵西安。到達機場時，感覺靜悄悄的有些詭異，結果飛機一降落馬上就被楊虎城的部隊俘虜了。（註1）

　　起先，父親與其他軍官被關在一所小學裡，過了一陣子，看守的衛兵竟都不見了。捉緊機會趕快逃的父親，到書店買了幾冊小學課本，喬裝成一名小學體育老師。

　　當時二十幾歲的父親，得經過重重關卡，有一回被攔了下來。看守官兵想要試試父親是不是真的體育老師，就叫四個阿兵哥拿來兩根扁擔，雙雙上肩，成為人力雙槓。平常體育相當好的父親，也能有模有樣地上雙槓演示動作，這才讓人信服，順利過關。

　　逃離山西，最後的關鍵，是一條河。過橋之前，設有嚴密盤查的關卡。父親眼見不妙，就遠遠站在路旁等待機會。這時發現來了一輛馬匹加騾子拉的車隊，細聽車內女眷說著蘇州話。父親聽到親

胡正大受父親影響，選讀電機系（左圖右一）。成大畢業後，隨即服兵役，並出國留學

切的家鄉話，趕緊靠近車身低聲開口打商量，女眷們同意了讓父親以家眷身份同行，這才讓父親安全通過，回到南京。在這關鍵時刻，救了父親的，是于右任先生的女眷。

　　父親靠著機智、體能與幸運，順利脫險，過程曲折驚險，胡正大至今還深記腦海。

後院的「研究發展室」

　　1949 年，父親隨空軍官校從浙江到台灣。隨後胡正大的母親帶著三個孩子搭船到台灣與父親會合。慢慢地，生活安頓下來，才又有了二姐和胡正大。

胡正大伉儷和二個寶貝兒子

父親以「梅、蘭、竹、菊、松」給五個孩子當小名，給胡正大寫的家書，開頭就稱他「松兒」。

大約在胡正大小學四、五年級時，父親決定響應國家政策，減輕國家養兵的沉重負擔，他說要「做士官兵的榜樣」，決定提前退伍。空軍上校退伍的父親，拿到新台幣八萬元的退休金，不久就開始創業。

家裡的後院，就是父親開發新產品的基地。胡正明前陣子還在跟胡正大確認，父親似乎在後院用一塊木板做了招牌的事。胡正大對哥哥說，我跟你保證，寫的就是「研究發展室」。

美國之行　見聞大開

早在第二次世界大戰期間，父親曾被空軍官校派到美國德州去

學習飛機的專業技術。

當時由於日本切斷中國所有聯繫外界的公路，於是中美兩國就在印度東北和中國雲南昆明間，開闢了一條空中通道，名為「駝峰」航線。父親搭飛機飛過駝峰到印度，再從印度加爾各答搭船，經過澳洲到美國。繞這樣一大圈，為的就是躲避日本人的潛水艇攻擊。（註2）

那趟美國之旅，讓父親見聞大開，也第一次看到了美國人的「門鐘」。所以創業時，父親就自己開發「複音門鐘」，還為這項發明申請了專利。一按就會「叮、咚」兩聲，一系列的複音門鐘不但在聲音上做出創新，有別於單音門鈴，而且還造型各異，價格也高低不同。

在那時候的台灣，一句台語也不會說的父親，竟然就在台北市的重慶南路租了店面，銷售自己開發的產品。

父親的影響

父親喜歡動腦筋解決問題，熱愛創新、醉心探索新事物，所以家裡經常有很多新奇的東西出現。

以前從來沒想過要學父親的胡正大，如今越來越覺得，自己其實受父親的影響很大。第一個影響是，胡正明及胡正大都聽了父親的建議，選讀電機系。此外，兩兄弟也傳承了父親的基因，在創新與創業的表現，受人矚目。

　　長期活躍於半導體產業的胡正明，長胡正大五歲。他是中央研究院院士、美國國家工程研究院院士、國際電機電子工程師學會（IEEE）會士，及中國科學研究院終生職榮譽教授，被 IEEE 專家譽為「微電子前瞻者」。1999 年他與二位柏克萊大學同儕發明的鰭式電晶體（FinFET），讓全球半導體業突破門檻，往更尖端的奈米技術邁進，使他聲名大噪。

胡正明（左一）、胡正大（右二）全家出遊

美國 21 年　史欽泰遊說回國

胡正大取得美國普林斯頓大學（Princeton University）電機博士學位後，先後於 IBM、Xerox、Sierra、ISD 及 Cypress 等公司任職。

除了像 IBM、Xerox 等大公司外，胡正大也對新創公司很感興趣。他在 Sierra 半導體剛成立不久就加入該公司，以七年的時間，見證了新公司的奮鬥過程。Sierra 後來併購 PMC，改名 PMC Sierria，靠著 PMC 出色的產品，終於站穩腳步並股票上市。

1975 年胡正大剛到美國，在普林斯頓大學校園留下這張照片。隨後他取得該校電機工程博士學位

ISD 也是一家小公司，胡正大擔任該公司的技術副總，一起打拼到該公司上市。接著，才決定回台灣。（註 3）

從 1975 年到美國求學，到 1996 年回台灣，這二十一年裡，他完成學業、成家立業，有了二個兒子，都上中學了。這時候，強力說服胡正大回國的關鍵人物，就是當時擔任工研院院長的史欽泰。

1996　加入電子所 ERSO

史欽泰是普林斯頓大學的博士，算起來是胡正大的學長。他希

望胡正大回台灣，傳承工研院電子所（ERSO）的重責大任。連虞華年，當年胡正大在 IBM 任職的頂頭上司，以及時任世界先進總經理艾凡斯（Bob Evans），也以半導體的大未來在亞洲，大力遊說胡正大回國。（註 4）

對於是否回國加入工研院，胡正大除了跟太太商量，也詢問了另一位普林斯頓大學學長的意見。他是章青駒，曾任工研院電子所第四任所長。章青駒給的建議是，回來做是不錯的。但他也提醒胡正大，當時大環境創業風氣很盛，電子所走了很多人，因此所長這個工作，「真的非常難做」。（註 5）

最後，胡正大決定回國接受挑戰，為產業做事。1996 年，他擔任工研院電子所第五任所長，所內同仁 700 多名。（註 6）

兩大部門　人才豐沛

胡正大擔任電子所所長任內，擢升徐爵民並任用吳逸蔚擔任副所長，分別負責半導體 IC 及薄膜電晶體液晶顯示器（TFT- LCD）二大部門。

電子所栽培的人才，分別在半導體及 LCD 產業，做了很大的貢獻。例如次波長（Sub-Wavelength）的微影技術團隊，後來很多人都被台積電聘任，加上林本堅博士的帶領，使得台積電的微影技術突飛猛進。而 LCD 產業更是大批採用了電子所的人才，胡正大如今經

1996~2000 年胡正大（二排左三）擔任工研院電子所所長，當時工研院的主管們，前排工研院院長史欽泰（左三）、副院長林敏雄（右三）、機械所所長蔡新源（右一）、光電所所長林耕華（右二）、經濟部技術處處長陳昭義（左二）、副院長楊日昌（左三）

常在許多產業聚會，與過去電子所的同仁重逢，很多人都已升任到副總經理級的高階職務。

最得意的事

　　「替台灣打贏兩場官司」，是胡正大認為自己一生中，最得意的事。他甚至跟敦泰電子的同仁說，雖然那兩場官司與他個人無關，但能夠幫助整個產業的那麼多家公司，對自己而言不僅感覺榮幸，而且幫助別人的喜悅，讓他比自己中了大獎還高興。

　　兩場官司皆由美光公司提告。1997 年 2 月，美光公司向美國商務部（DOC）及美國國際貿易委員會（ITC）提出對我國 SRAM 業者的傾銷控訴。包括華邦、聯電等十幾家台灣的電子廠商，都被列為被告。

　　一年後，先是美國商務部於 1998 年 2 月，認定台灣將 SRAM 以低價傾銷到美國市場。緊接著在 4 月，美國國際貿易委員會就判定台灣輸美 SRAM 對其國內產業造成實質傷害，並開始對台課征反傾銷稅。包括華邦、聯電、天下電子、德碁等八家公司，在 SRAM 銷往美國市場時，必須另外繳交幾乎等同售價的關稅。

　　SRAM 的反傾銷案都還沒有結束，美光接著又於 1998 年 10 月，再提出對我國 DRAM 廠商傾銷美國的控訴。真是一波未平、一波又起。

團結一心　TSIA 代表出面

　　從 1996 到 2000 年，胡正大擔任工研院電子所所長期間，也同時擔任台灣半導體產業協會（TSIA）秘書長。而當時工研院院長史欽泰，也同時擔任 TSIA 理事長。

　　台灣過去從沒有遇過這種事，單一廠商根本無力對抗。胡正大逐一拜訪了被起訴的廠商，大家都同意串聯在一起，由 TSIA 代表出面。第一個動作就是到美國找律師，把事情問個清楚。

　　從挑選律師事務所、如何分攤高額的律師費、跟律師說明技術

細節，到如何出庭答辯，繁瑣而重要的工作，層層疊疊。

第一步　找對律師

胡正大挑選了美國 White & Case 律師事務所，以 Christopher F. Corr 律師為主的律師團接受委任。經驗豐富的美國律師，剖析了美光提告的動機與慣性，也給台灣業者許多關鍵性的建議。其中一例是要求美國政府，將扣繳我國的反傾銷關稅，先存在一個獨立信託帳戶中，避免納入美國國庫，以便勝訴之後可以拿得回來。這一舉措，事後證明替台灣廠商節省了一億多美元。

美光公司告狀的單位是美國商務部及美國國際貿易委員會，在 Corr 律師的建議下，台灣業者集體轉向美國國際貿易法庭（CIT）上訴。CIT 為此舉行了聽證會，裁定台灣業者並沒有對美國傾銷 SRAM，並發回美國國際貿易委員會重審。但是該委員會第一回重審的結果，仍維持原來裁決，還是要繼續課徵台灣廠商高額關稅。

台灣業者很不服氣。決定再提上訴。美國國際貿易法庭也再度舉行聽證會，結果仍然裁定台灣業者沒有傾銷 SRAM，並二次發回美國國際貿易委員會重審。

上訴再上訴　態度堅決

第二次被要求重審的美國國際貿易委員會，終於做出不一樣的判決，認定台灣「沒有」對美國傾銷 SRAM。2000 年 8 月，美國國

際貿易法庭宣布同該委員會的新判定，終於還給了台灣一個公道。

　　雖然後來美光仍向聯邦巡迴法院（CAFC）提出上訴，但已無力改變黑白分明的事實。美國商務部在 2002 年 1 月 14 日正式公告，停止課征台灣進口 SRAM 反傾銷稅。針對過去幾年來，所有台灣廠商繳納的輸美反傾銷稅，也連本帶利歸還。

據理力爭　正義凜然

　　SRAM 官司纏訟期間，台灣又於 1998 年 10 月被美光提告 DRAM 傾銷。這一回，胡正大和律師團，已經比較有經驗了，僅僅出席二次 ITC 的聽證會，就獲得勝訴。前後 17 個月，就討回了公道。

　　在美國待了二十一年的胡正大，不但英文流暢，而且投入半導體技術多年的他，本身就是一位半導體技術與管理專家。對產業帶有強烈使命感的胡正大，還有一套特殊本領。他遇上令外行人卻步的技術或專有名詞，總能用簡要的概念描述，讓對方一聽就懂。代表台灣半導體產業與美國法庭斡旋，胡正大可說是最佳人選。

CompoTech 雜誌專訪胡正大，談台灣史無前例打贏二場美國傾銷官司，登上封面人物

除了要對美國律師說清楚、講明白，胡正大還在美國律師的建議下，直接面對美國國際貿易委員會（ITC）的委員們當面解釋。沒有上過法院的他，心中沒有絲毫畏懼，因為他一直覺得「我們是站在正義的一方」。

史無前例　二連勝

為了準備對抗在 ITC 的訴訟，胡正大把整個事件的可能性、戰略步驟，還有許多要溝通的細節，繪製成一張很大的圖表。他說過程中，「台積電當時的法務長陳國慈，也幫了很大的忙」。

回到台灣就開會，胡正大攤開圖表，仔細向各家公司解釋。有的公司除了公司代表，還得進一步拜訪他們的總經理和董事長。

回顧過程，胡正大說「我們幾乎每一步都走對了」。二場國際官司訴訟案持續了四年，才終於取得勝利。過去只有極少數的國家能夠在美國的反傾銷訴訟中打勝仗，台灣不但破天荒寫下傳奇紀錄，而且還連贏兩次。

胡正大事後回想致勝的關鍵。他說，台灣整體產業團結一致，展現不屈不撓及堅韌特質，加上態度積極誠懇，十足展現我國業者光明正大從事貿易行為的坦蕩心態。這樣的表現終於獲得 ITC 委員們的了解，並以公正的態度回應，更給了發動官司角力戰的美光公司，深刻的教訓。

2000 年　加入台積電

　　2000 年胡正大加入台積電，擔任研發部門的副總經理。負責的第一個任務，就是解決剛進入量產的 0.18 及 0.15 微米製程的靜電放電（ESD）問題。IC 製程技術推進的速度很快，胡正大以紮實的研究背景，加上過去在矽谷的實務經驗，讓他勇於接受新挑戰。

　　台積電高手雲集、普遍存在自己絕不輸於人的文化，讓胡正大有些驚訝。有同仁竟因不認同胡正大的做事方法，在專案中途就離職了，更讓胡正大體會到在台積電擔任高階主管，的確是不容易的事。

　　前後花了六個多月，問題終於順利解決了。此後，他才真正在台積電站穩了腳步。

全球行銷　換跑道

　　台積電董事長張忠謀，曾對公司主管們說過他對行銷的看法與期望，讓胡正大印象很深。張忠謀認為，行銷最主要的任務是運籌帷幄，為公司看到未來該走的方向。

　　胡正大參加了七、八代半導體微縮技術的革命，從 3 微米一路做到 0.15 微米，電路線寬細了 20 倍。他在擔任台積電研發副總經理一年後，大膽挑戰自己沒做過的事，自願轉任台積電行銷副總經理。過去這個職位，一直是由外國人擔任。

　　「人家是科班出身，而我是來自行伍」，胡正大感謝張忠謀願

台積電董事長張忠謀（右二）是胡正大敬佩的人物，中為台積電前法務長陳國慈

意給他這個行銷的門外漢機會，而他也認真投入，勤奮看書並請教專家。一邊不斷地學，胡正大一邊心想，張忠謀真是「膽子很大」，因此也就特別期許自己不能讓他失望。

看好大陸潛力

對台積電而言，為客戶的未來需求，預先做好準備，是很重要的。許多投資，要比別人早好幾年投下去，才能掌握先機。如果只是把詢問各家客戶的答案，整理一下就當做準確的需求預測，那是

緣木求魚的作法。

　　胡正大說，張忠謀對很多事情的要求很高。他希望市場預測像火車頭，要站在最前面，告訴公司即將面對的是什麼；而不是站在車尾，說著已經發生的事。因此，行銷部門所做的市場預測，經常被罵得狗血淋頭。胡正大帶著七十幾個手下，一做就是四年，破了該職務任職最久的紀錄。

　　2005 年 8 月，在台積電工作了五年的胡正大，決定離職。許多人好奇他離職的原因。他說，客觀原因有二。一是他看到了大陸市場龐大的潛力。其次是，剛好有創業投資公司願意投資他創業。

太太是知己

　　2005 年，胡正大創立敦泰電子，以觸控 IC 為核心產品。談起創業動機，胡正大說以前「從來沒有想過」自己會創業。直到那幾年，他才慢慢覺得，也許真的是父親基因的關係。

　　胡正大每次職業生涯的重大決定，包括從美國回台灣、從工研院到台積電、離開台積電投入創業，一路都獲得太太百分之百的支持。胡正大忍不住說，「太太真的是我的人生知己」。

　　當兵時，胡正大的預官同僚把自己的妹妹介紹給他。這位同僚後來成了胡正大的大舅子。胡正大的太太沈文敏當時還在政大念四年級，兩人交往順利，畢業後就一起搭同一班飛機，出國留學。

　　胡正大在位於紐澤西州的普林斯頓大學攻讀博士，要到羅德島

看望當時的女友，需要搭上一天的車，胡正大靠長途電話持續追求，兩年後，太太取得企管碩士學位，並開始在紐約工作後，兩人才定了終身。沈文敏的父

胡正大伉儷

親沈昌華是台灣當年十大建設之一，建造金山核電廠的計畫主持人，核能電廠在過去三十多年中為台灣節省了上千億元的能源支出，並提供了台灣經濟發展的基礎，胡正大為他岳父的成就及對國家社會的貢獻，感到無比的欽佩與驕傲。

敬佩張忠謀、賈伯斯

　　跟張忠謀一起工作，不是簡單的事。他極度聰明、喜歡閱讀且歷練廣泛，對事物均有深度了解，很多時候他問屬下問題，只是做個參考。如果部屬的回答太離譜，張忠謀指責起來可是毫不客氣。加上他的中、英文俱佳，很多跟他開過會的部屬都說，為張董事長工作，壓力太大了。

　　擔任企業執行長（CEO）更不是簡單的事，而且在做很多決策時，處於孤高的位置，很是寂寞。

　　創業後的胡正大，更能體會經營之心，也因此對張忠謀越發敬佩。胡正大說他最敬佩張忠謀的是，他看事情能看得很透徹，總能夠做出正確的決策。

　　另一位受胡正大尊崇的企業家，是蘋果公司創辦人之一，史帝夫賈伯斯（Steve Jobs）。2005 年胡正大要離開台積電時，時任台積電全球業務暨行銷資深副總經理的金聯舫曾大力挽留，問他為什麼要離開台積電這麼好的公司。胡正大把賈伯斯在那一年給史丹福大學畢業生的演講，轉寄給了金聯舫，金聯舫看了以後和胡正大說「我了解了」。

未來不可知　才有意思

　　比起台積電人見人羨的高薪要職，胡正大心裡更想探索的，是不可知的未來。那條通往未來的道路也許崎嶇，但如果繼續留在台積電，因公司已立於不敗之地，他似乎可以預見未來是什麼樣子。「當未來完全可以預期，整個人生就變得乏味了」，胡正大說。

　　回顧剛拿到博士學位的胡正大，第一份工作在 IBM 華生研究中心擔任研究員。他自己選的研究題目當時 IBM 沒有人願意做，難度很高，很多人都勸他不要挑這個題目。

　　胡正大花了四年，完成了 CMOS 元件及製程的開發，做得十分

出色，1983 年還獲得 IBM 頒發「發明成就獎」。離開 IBM 前，胡正大的主管挽留他說，「如果你留下來，將來應當會當選 IBM 研究院的院士（IBM　Fellow）」。

　　IBM 研究院與貝爾實驗室（Bell Labs），是美國半導體最強的兩大研究機構，當時 IBM 是電腦界的巨人，一切的條件都是最好的。但胡正大告訴太太說，如果留在 IBM，幾乎可以預見二十年後的自己。人生也不過就是幾十年，他不想選那一眼就可以望盡終點的路。胡正大的太太不但了解他的想法，而且也完全支持他。

創業第一關　找到對的人

　　單槍匹馬創業的胡正大，回顧自己一開始，「市場與產品都不對」。起先出資要他找團隊開發 IC 的人，後來根本還沒有做好大量採用的準備。辛苦開發出來的產品，只得趕快找銷售人員去拜訪客戶。結果到了市場上才發現，產品和客戶的需求並不相符。

　　從電視晶片，到 LCD 顯示驅動 IC，創業初期做過的幾個產品，都做得不成功。找的人不對，只能跟著人家做一樣的 Me too 產品，兩、三年之後，胡正大決定喊停，資遣員工，壯士斷腕。

　　胡正大不斷找人。後來終於找到對的人，慢慢培養革命情感，等到開發出觸控 IC，做得很有起色的時候，公司的資金卻已經快耗盡了。

找資金　跑斷行李箱

敦泰靠著觸控技術，一炮而紅

在 2005 年離開台積電時，胡正大已經很敬佩賈伯斯，只是他沒有預料到，賈伯斯會在 2007 年推出 iPhone，並獨步全球採用觸控技術。他更沒有想到自己創業後一番周折，接下來會靠著觸控 IC 成功。

2009 年，敦泰的技術團隊已經開發出觸控 IC 的雛型產品。為了展示觸控功能，他們直接把現成手機的外殼拆開，連接敦泰的觸控模組，可以成功的演示手機觸控的功能，但晶片懸吊在手機外面抖呀抖的，就像一個心臟在人體外面跳動，令胡正大終生難忘。

眼見這項產品很有商機。胡正大積極地四處拜訪，尋求新資金挹注。每跑一家創業投資公司，胡正大都寫下紀錄。包括台灣、大陸、美國、新加坡及香港，他親自拜訪了四十四家創投業者，連行李箱的輪子都跑斷了，終於獲得其中的四家新投資者的支持，這才總算把資金籌足。

創業不易　事在人為

創業初期產品開發不成功，是胡正大最大的挫折。他說創業真的很難。除了找資金難，他也大嘆眼高手低的人很多，找到對的人也很難。不過，一旦找到對的人，重新在市場上定位、找產品，還是可以翻轉局面。

賈伯斯說過，「我的強項就是扮演伯樂，找尋千里馬，和他們一起奮鬥」。胡正大也一樣，不因受挫而停下找尋千里馬的腳步。

「我一直相信為事在人、成事在天」，胡正大說，在遭受挫折時，還是要持續前進。雖然一直做下去不一定會成功，但如果不去做，就一定不會成功。他說，「運氣這件事是無法掌握的，只有在運氣來的時候，你已經準備好了，這才是真正的機會」。

2010 年，機會終於來了。

聯想　獨家供應商

2010 年下半年，聯想集團（Lenovo Group）從電腦領域跨足手機市場，推出的第一支智慧型手機，就採用了敦泰的觸控 IC。經過細膩又冗長的跨國評比，敦泰打敗了來自美國的對手，開了先例，成為聯想在觸控 IC 的獨家供應商。

繼這個大案子之後，中國智慧型手機市場的投入廠商激增，幾乎所有的業者都跑來敦泰，排隊也要買到觸控 IC。市場熱況讓敦泰在 2010 年當年得以損益平衡，並於 2011 年開始獲利。

胡正大與敦泰電子主管們

2012　驚人成長

　　2012 年，中國智慧型手機市場起飛，敦泰的訂單接不完，需求瘋狂似的暴增。客人大排長龍，要買公司的產品，這對胡正大及敦泰的員工而言，都是畢生難忘的經驗。不但業務同仁走起路來都有風，連財務部同仁在走廊碰見胡正大，也雀躍地向他報告鈔票數到忙翻天。

　　2011 到 2012 年，敦泰創下營收成長 25 倍的驚人成績。胡正大說，第一個關鍵是敦泰在技術上取得優勢。在很多廠家推出單點

觸控方案時，敦泰認為蘋果公司採用的多點觸控才是對的，所以也以不同的技術，開發出多點觸控的解決方案，因此成為市場的一支獨秀。

其次是放對焦點，沒有選電腦，而是針對智慧型手機的市場，追求極致效能。此外，人要對，財務資金也要能夠支持。

台積電力挺　印證商業模式

胡正大說，敦泰的業績能夠在短時間內快速成長，還有一個重要的原因，就是台積電在產品品質、產能，及速度上，都能夠滿足敦泰的需求。否則光有訂單，卻來不及出貨，也無法帶進業績。

客戶對敦泰的需求大增，排隊搶貨時，胡正大親自回台積電拜訪張忠謀，請求他的支持。胡正大說，台積電的品質，本來就沒話說。至於產能，他很感謝張忠謀及台積電老朋友們對敦泰的大力支持。

胡正大創業成功，也給台積電帶來正面意義。有台積電現任員工感性地說，「從台積電出去創業的同仁，能夠這麼成功，可說是為公司增光」。理性面講，胡正大以實例，親自印證了台積電專業代工的商業模式，完全正確。

「以前我擔任台積電行銷副總時，對客戶宣傳台積電的商業模式，完全在我自己身上得到了印證」，胡正大說，如果半導體公司

業績衝高，公司上市，敦泰員工都喊耶！

自己擁有工廠，從 IC 設計到製造都自己來，那麼在市場需求突然大增時，就絕不可能像台積電有這麼大的產能與彈性，可以支持業績大幅成長。

士氣昂　出貨破億

　　敦泰業績快速成長，所有同仁工作量激增，但沒人喊苦，而且士氣十分高昂，累積出貨量一下子就突破 1 億顆。胡正大說，對於研發團隊而言，能夠締造這樣的紀錄，更是感到無比的驚喜與驕傲。

2014 年，敦泰單一年度出貨量就超過 3 億顆，相較之下，兩年前累計出貨突破 1 億顆，似乎已經不是什麼大不了的事。但當每個人回想起「首度突破 1 億顆」時的那種心情，還是興奮無比！

胡正大說，這就是他追求的人生。「如果你不勇於嘗試新的改變，你永遠不會知道，山的後面還有什麼樣的風景」。

百鍊成鋼　脫胎換骨

在大家開始對手機的前景感到保守時，胡正大卻有不同的思維。他說，我們需要另一個賈伯斯。

曾經，蘋果公司做到快垮了，但賈伯斯一回來，馬上把公司帶上美國企業市值第一的高峰。胡正大說，賈伯斯不僅是把技術放進產品中，最令人讚嘆的是，他知道消費者要什麼，該把什麼樣的技術加到產品裡，會打動消費者的心。

賈伯斯這種直覺，到底是怎麼來的呢？胡正大說，如果沒有被踢出蘋果公司、就不會有 NeXT 電腦公司的創立。賈伯斯一路走來若沒有遭受那些挫折，並以主動學習、主動找導師的精神，讓自己脫胎換骨，絕對無法累積出如此敏銳的洞察力。

胡正大說，百鍊才能成鋼，不要認為把你考績打得低的主管就是壞人。管理上，胡正大要求主管們評定考績要分出五級，在 ABCD 四級之上，再加一級 A+。他說，如果「最好的」跟「最差的」評分都不給出來，那就是大家窩成一堆，吃大鍋飯。胡正大的美式管理

風格，讓有些人覺得太直接、不能接受。但胡正大還是一句「大家要合才在一起，不合適就分開嘛」！

敦泰上市　員工大股東

2013 年 11 月，胡正大創業八年，敦泰電子的股票上市。全公司員工，每個人都拿到股票，員工的股權高達 25%，而胡正大個人只擁有不到 5% 的持股。

創業初期，胡正大跟員工擠在小小的空間裡辦公，讓來訪的客人，對曾任台積電高階主管的他，竟能有這樣柔軟的身段感到十分佩服。胡正大認為，無論擔任何種職務、不論職位高低，公司裡的每位員工，就像是串起一條鍊子上的環。大環、小環都很重要。

2012 年初，敦泰員工 220 人，分布台灣與大陸，台灣員工約佔三分之一。在靠近竹北高鐵站的辦公大樓裡，起先敦泰只租了一層樓中的一間辦公室。接下來不到一年，敦泰已經把整個樓層全包了下來。

併購旭曜　技術互補

2015 年初，敦泰員工人數成長到 400 人，合併了面板驅動 IC 廠旭曜科技之後，人數倍增到超過 800 人。也從此在新竹科學園區內，又增加了一個據點。（註 7）

過去手機的觸控功能，是以一套觸控模組外貼在手機上，和顯示模組是分開的，所以叫做Out-Cell。蘋果公司的iPhone4手機，最早採用In-Cell技術，突破之處在於，直接把觸控感測器置入顯示面板的結構中，製程上組裝的動作變少，成本因而降低。

2013年11月，敦泰電子在台灣上市

In Cell技術除了使用在手機上，未來是否能夠延伸到平板電腦等中大尺寸的應用呢？敦泰併購旭曜，為的就是兩家公司的技術互補。胡正大想的是，將觸控技術與顯示驅動技術整合為一。

2015 年 6 月的 Computex 展覽上，胡正大展示新開發的使用內嵌式觸控 IC 單晶片的 Super In-Cell，其中成功地將觸控 IC 與 LCD 驅動 IC 二合一為單晶片，稱整合型晶片（Integrated Driver & Controller，簡稱 IDC）。

敦泰的整合型晶片（IDC），除了展現 In-Cell 技術的優點，更進一步在製造、成本與產品性能上，展現多重的創新價值。除了手機之外，搭配 Super In-cell 技術的面板，可以產出更輕、薄、透亮的 LCD 觸控產品。

Super In Cell　拓展應用

敦泰不但把觸控與顯示功能二合一的模組，做到手機裡面去，而且還比蘋果公司的雙層方案更進步，做到了單層結構。胡正大喜上眉梢地說，我們的技術「結構簡單、性能優異」。

除了在光學表現與觸控性能外，敦泰也把應用延伸到解析度更高的大型面板。練兵三年，目前敦泰 Super In-cell 的技術，將可用於全球近九成的 LCD 面板廠。

獲 ERSO Award 肯定

「台灣半導體之父」潘文淵先生（1912 年 8 月 27 日~1995 年 1 月 3 日）當年應孫運璿先生、李國鼎先生的號召，擔任電子技術

「潘文淵文教基金會」2009 年委員會議。前排左起章青駒、胡定華、李家同、史欽泰、
虞華年、胡正大、徐爵民。後排左起陳芳益、陳良基、潘健成、羅達賢、沈文義（代表
黃洲杰）、詹益仁、黃培雯

顧問委員會（TAC）召集人，替台灣發展 IC 技術做出卓越貢獻。由
胡定華博士及當年赴美國 RCA 受訓的產業名人們發起，「潘文淵文
教基金會」於 2001 年成立。

　　2007 年起，「潘文淵文教基金會」頒發 ERSO Award 肯定貢獻
卓越的產業人物。ERSO 是工研院電子所的簡稱，是台灣發展 IC 技
術的基地，ERSO Award 頒獎典禮特別選在半導體產業年度盛會 VLSI

2015 年 ERSO Award，由科技部部長徐爵民頒獎（中）。得獎者右起英業達董事長李詩欽、力旺電子董事長徐清祥、敦泰電子董事長胡正大（左二）

國際研討會上舉行，讓國際人士成為這份榮耀的共同見證者。

　　ERSO Award 表揚的對象，不僅要對整體產業做出卓越貢獻，而且還要能夠通過全球競爭的洗禮。創立敦泰不到十年，靠著技術創新成為亞洲第一並朝向全球發展，胡正大沒想到擔任過 ERSO 所長的自己，有一天會成為 ERSO Award 的得獎人。

　　「潘文淵文教基金會」宣布胡正大得獎原因是積極深耕 IC 設計技術，掌握顯示與觸控兩大產業趨勢，帶領敦泰創造面板 IC 零組件整合的新契機。

志同道合　全球布局

　　敦泰的研發動能極強，已推出「電容式觸控晶片」、「TFT-LCD 驅動晶片」、「指紋辨識晶片」及「壓力觸控晶片」系列產品。客戶涵蓋大陸、台灣、美國、日本及韓國的世界一流大廠，包括聯想、華為、小米、宏碁、華碩、宏達電、Intel、Cisco、HP、Sharp、Panasonic 及 Toshiba 等。

　　從 2005 年在美國創業，胡正大接著於深圳建立研發與銷售團隊、在台灣成立製造與營運基地，並於北京、上海、廈門、南昌、西安、合肥、日本及韓國，設有技術及銷售服務中心。敦泰與旭曜合併之後，在台灣新竹，又多了一支研發勁旅。

　　合併之前，敦泰和旭曜的人數差不多。如何讓來自不同文化背景的團隊展開合作，是相當挑戰的事。胡正大強調，能夠和對人生充滿熱情的人一起共事，是很過癮的，而合作最關鍵的，就是要建立互信。有人對公司的合併視為管理畏途，而他說，「我這個人就是喜歡做難的事」。

創業十年　亞洲第一

　　創業的挑戰，老天爺出的考題真是千變萬化。起先，胡正大在市場、產品、選才這幾題，都犯了錯，好產品出不來，開發出來的產品，到市場上也賣不出去。

　　胡正大沒有因為挫折就氣餒。他決定繼續前進、接受新挑戰。

2014 年，中國電子成就獎頒發胡正大
「年度最佳管理者獎」

終於人找對了，建立了革命情感，產品也做對了。過程中，他親自奔走，把資金籌足、把產能安排好，並成功的組建了營銷團隊，所以有了創業十年、亞洲第一的成績。

2014 年，中國電子成就獎頒發胡正大「年度最佳管理者獎」。2015 年，他除了獲得 ERSO Award 肯定外，也被媒體選為「年度 CEO」（CEO of the Year），而敦泰也獲得「行業國際品牌獎」。（註 8）

勇於接受挑戰

五十三歲創業的胡正大，以放眼全球的格局，延攬美國、大陸及台灣的人才菁英，組成團隊。創業過程中，跟著大家捲起袖子苦幹的情形，連投資人看了都深受感動。

他呼籲時下年輕人打開心胸，對於陌生環境或不確定的事情，不要抗拒。如果能夠打開心胸、不怕吃苦，帶著面對挑戰的信心與勇氣，就能開展更寬闊的視野，不會永遠當一隻井底之蛙。在積極提攜後進之際，胡正大最樂於見到的是，勇於接受挑戰的新血加入

胡正大與敦泰活力充沛的員工

公司。

更絢爛的風景　即將到來

　　2015 年「國際顯示製程前瞻技術研討會」（IDMC 2015）開幕典禮上，胡正大以「自容式內嵌技術，將帶給觸控及 LCD 顯示面板產業革命性的創新」為題，擔任大會主講人，吸引許多人到場聆聽。

　　他表示，物聯網（IoT）時代，輕薄透亮又便宜的觸控顯示，將有更廣泛的用途。敦泰新開發的觸控和顯示整合型晶片（IDC）也支援 7~15.6 吋的中大尺寸觸控方案，即將由多家面板廠導入量產。

　　除了手機之外，平板、筆記型電腦，以及各種穿戴式電子產品的觸控應用，即將啟動下一波新商機。胡正大相信，還有更令人驚

133

艷的高潮即將到來。他發下豪語，計畫短期內讓敦泰達到千人規模。他廣邀英雄豪傑，投入技術革命，讓全世界看見華人的智慧與創新。

（註1）西安事變：1936年12月12日，張學良和楊虎城在中國西安發動兵諫，扣押時任國民政府軍事委員會委員長和西北剿匪總司令蔣中正，強迫接受「停止剿共、一同抗日」的主張。

（註2）「駝峰」航線：第二次世界大戰（1939-1945）期間，日軍切斷中國所有陸上交通。中美二國在印度東北和中國雲南昆明間開闢空中通道，名為「駝峰」航線。該航線飛越喜馬拉雅山脈，緊貼山峰高低起伏飛行，故名「駝峰」（The Hump）。

（註3）1998年，華邦併購ISD公司，ISD從美國下市。

（註4）艾凡斯（Bob Evans）（1927-2004）時任世界先進總經理。他曾任IBM全球副總裁及我國科技顧問，替台灣科技發展提出許多建言。1994年世界先進成立，艾凡斯應張忠謀之邀，擔任第一任總經理。台積電董事長張忠謀稱他是「充滿點子且直言不諱的策士」。

（註5）章青駒（1948-2015），工研院院士。1976年加入工研院積體電路發展計畫，受政府派赴美國無線電公司（RCA）接受技轉，是台灣半導體業界第一代工程師。曾任工研院電子所所長、建邦創投副總經理、華邦總經理及副董事長、世界先進董事長。

（註6）工研院電子所歷任所長：胡定華、史欽泰、章青駒、邢智田、胡正大、徐爵民、陳良基。

（註7）2015年3月旭曜科技與敦泰電子合併，其母公司凌陽科技退出董事會。

（註8）2015年，胡正大獲Global Sources選為「年度CEO」。2015年6月，由中國通信工業協會、日本日經BP社聯合主辦「2015第三屆全球觸控式螢幕行業最具影響力企業」頒獎典禮，敦泰電子獲頒「行業國際品牌」。

拿出信心、勇氣、智慧，接受挑戰，能夠增加
人生經歷的，都是好事。

—— 敦泰電子創辦人暨董事長　**胡正大**

黃祗予

膽識遠見
峰迴路轉的創業路

國碩集團創辦人陳繼仁三十六歲創業，公司三年上市，締造全國紀錄。

他多次創業，堅持奮進，終於穿越險境、走過低谷，找到更大的利基市場。

2014年底陳繼仁驟逝，身為摯愛，黃祗予幾經考慮決定接班，守護他以膽識及遠見，開創出來的事業。

讀物理系的女生

　　黃裖予從小功課很好，父親在銀行，母親在電信局上班，黃裖予屢次以數學平均一百分的好成績申請獎學金，因此成了傳奇人物。父母親的同事經常稱羨說，「你們女兒長大了可以去美國太空總署（NASA）工作喔」！沒想到，黃裖予後來果真進了國家太空計劃室工作，亦即如今的國家太空中心（NSPO）。

　　喜歡物理與數學，黃裖予大學就讀成大物理系。大學畢業，考完托福與 GRE，準備出國之際，黃裖予碰巧遇上一位大學同學，這位同學談到她已在工研院光電所上班，還說實驗室裡有國內最先進的儀器設備。這讓黃裖予心想，如果能在申請出國期間，先找個工作也不錯。

美麗的相遇

　　就這樣，黃裖予加入了工研院電通所。當時，工研院有一個高畫質電視（HDTV）的跨所合作大型計畫。透過研究助理的介紹，在工研院材料所任職的陳繼仁，認識了黃裖予。

　　遇上比自己大七歲的男生，黃裖予原來想把陳繼仁介紹給一位比自己稍長的朋友。沒想到，終究抵擋不住陳繼仁的熱情攻勢。

　　陳繼仁先是提出一起郊遊的邀請，黃裖予回說太熱了；腦筋動得很快的他馬上改打美食牌，問「那我們晚餐吃什麼」？這一來，

黃振予心想二個小時吃個飯就可以回來了，於是就點頭答應，開始了兩人交往的契機。

陳繼仁與黃振予，相識於工研院

三清幫　材料博士

清華大學把從大學、研究所，到博士班都在清大完成學業的人，稱為三清幫，陳繼仁就是成員之一。陳繼仁是高雄人，但他從讀大學起就住在新竹，接著成家、立業，成了不折不扣的新竹人。

黃振予聽陳繼仁的學弟說，他是實驗室裡最認真的人，心中既心疼又驕傲，直說，「真值得我和二個兒子學習」。在同學眼中，陳繼仁是個會讀書又會玩，學業與社團兼顧的人。熱心服務的他，很早就展現傑出的領導能力，幾乎沒人猜得到，陳繼仁在家排行老么，有二個哥哥、三個姊姊。

三十六歲創業

1989 年，陳繼仁取得清大材料工程博士學位後，進入工研院服務。以著努力及衝勁，三十歲就升任為工研院最年輕的主任。1994

年，他帶領同仁開發可記錄一次型光碟 (CD-R)，獲得工研院研究成果貢獻獎，前途看好。

1997 年，陳繼仁三十六歲。他看好光碟市場，與清大同學楊盛如及梁鉅銘，創立國碩科技。陳繼仁在產業寫下的第一頁傳奇，是讓國碩成立短短三年就上市，創下台灣紀錄。2000 年上市後，國碩業績成長率居全國第二，股價隨即奔上百元。被問到老公創業時的心情，黃裱予說，回想當時真是傻傻的，並沒想太多。

創業初期　兩夫妻各自上班

國碩初創，陳繼仁的大兒子才兩歲。黃裱予還在國家太空計畫

陳繼仁創業初期與大兒子的合照

室擔任工程師。和許多在新竹科
學園區上班的小夫妻一樣，每天
一早上班前，先送孩子去褓母家，
晚上下班後，再把孩子接回來。

　　黃祿予選擇早上七點半上班，
為的是可以下午四點半趕去幼稚
園接兒子。剛開始，大兒子完全
不適應團體生活，「就像一隻無
尾熊一樣，黏在老師身上」。黃
祿予覺得對老師很抱歉，所以每
天下班後，就往幼稚園狂奔。她
開車「從科學園區到芎林，只花
不到十分鐘」，一心只想趕快把
孩子接回家。

小兒子學步的可愛模樣

　　從 1991 年加入工研院、1994 年到台北捷運公司上班，接著黃
祿予 1995 年加入太空計畫室，參與中華衛星一號地面控制中心的
任務。直到 2003 年，小兒子三、四歲時，才辭去工作。（註1）

不把壓力　帶回家

　　家庭，對陳繼仁來說，是個甜蜜的充電站。無論再忙、再累，

只要回到家裡，看到心愛的太太與兩個可愛的兒子，陳繼仁就能再度充滿電力，元氣滿滿地出發。

剛創業，陳繼仁每天總是忙到凌晨一、兩點才回家。他會在回家的路上給黃裱予打電話，問要不要順便幫她帶一碗熱粥當宵夜。對於夜歸的先生，黃裱予也總是體貼他累了，所以也不太開口問他工作的事，盡量讓他好好休息。

默默觀察，關心著先生，黃裱予相信他凡事都有對策。對於陳繼仁創業的辛苦，黃裱予直說自己真是「狀況外」。主要原因是陳繼仁絕少將工作情緒帶回家，相反地，他回家倒是很常講笑話，讓家裡充滿笑聲，所以黃裱予一直覺得陳繼仁是個有趣的人。

唯一的一次，黃裱予察覺先生有點撐不住了，是在國碩第二回訴訟的時候，本來 2004 年判定勝訴的官司，隔了三年，竟然要繼續審查，還要到美國出庭，加上龐大的和解金，陳繼仁肩上的壓力可想而知。

走出低谷　苦思轉型

與飛利浦的專利纏訟，始於 2002 年。一開始國碩勝訴，但 2007 年 9 月底，陳繼仁決定與對方達成和解。他認為與其耗費精力在官司上，倒不如全力發展新事業。難掩心情沮喪的陳繼仁告訴媒體，簽字和解的那一剎那，是他人生的低谷。

擺脫國際官司纏訟，陳繼仁吞下苦楚，堅持前進

　　光碟片市場於 2001 至 2003 年間由盛轉衰，市場崩盤，加上專利官司制約，國碩光碟片不能賣進美國市場。陳繼仁一方面要安置工廠，另一方面，也是最重要的，就是帶領公司找到新的利基。

　　他和團隊一起苦思，以國碩對化學材料研發與生產的核心競爭力作出發點，甚至把腦筋動到保養面膜，並於 2003 年成立了杏康科技。本來杏康科技做得還不錯，黃振予記得陳繼仁的面膜生意做得很認真，還曾在百貨公司設專櫃。但考慮到品牌和通路布局不是

陳繼仁與黃裖予的幸福家庭

國碩的強項，陳繼仁因此決定另起爐灶。

陳繼仁也做過消費性 IC，但因為推出新產品的速度不夠快，也斷然決定放棄。直到國碩發揮化學材料的優勢，突破太陽能電池背鋁漿的技術門檻後，讓公司轉型見到了曙光。

恆星一般的太太

當官司纏訟、苦思轉型，很痛苦的那一陣子，陳繼仁和黃裖予正好準備搬家。陳繼仁知道大兒子喜歡古典音樂，特別花很多時間，到處認真尋訪，想買一套可以傳家的音響送給兒子。黃裖予知道先

生對孩子既疼又寵,但她也知道其中有部分原因是陳繼仁太忙,沒有多點時間陪孩子,想做一點彌補。

總說自己是狀況外的黃裖予,那時並不清楚陳繼仁工作上的壓力。一家音響行老闆似乎也看懂這點,他對黃裖予說,幸好妳是狀況外,否則陳繼仁可能會更難過。

那段時間,連太空計畫室的老同事都對黃裖予說,「我若是妳,應該連飯都吃不下」。對於遇上事情好像並不會很緊張,不管怎樣都能吃得下、睡得著,黃裖予說她對這樣的自己,也覺得很神奇。

也許,對陳繼仁來說,如恆星一般運行的黃裖予,維持著一家人的生活步調,正是陳繼仁最需要的力量。黃裖予也說,「我大概是有這麼個好處啦」!

找到了 就是導電漿

陳繼仁親自領軍,投入太陽能電池上游關鍵材料導電漿的開發。努力了三年,終於在 2007 年開發出太陽能電池背鋁漿,其光電轉換效率令人驚喜。

為了轉型,國碩選了二個題目,一個是太陽能導電漿,另一個則是 CIGS 薄膜太陽能電池(註 2)。後來陳繼仁決定專注前者,捨去後者。如今看來,這個決定十分關鍵。否則,很可能從太陽能導電漿賺到的利潤,都要彌補到 CIGS 所賠的錢去了。

2011 年，陳繼仁獲得安永企業家獎

2008 年 10 月，國碩化學材料部門開發的太陽能電池「背鋁漿」每月營收大約新台幣一千萬元。陳繼仁將該部門分割成立「碩禾電子材料」公司，隨後研發團隊又開發出「背銀漿」及「正銀漿」，持續受到市場肯定。

陳繼仁終於帶領團隊撥雲見日、峰迴路轉，找到藍海。兩年後，碩禾於 2010 年上櫃，一度成為台灣上市、上櫃的股王。如今，「正銀漿」已成為碩禾營業收入的主要來源。

與國際大廠 競爭

雖然開發出了導電率極好的太陽能電池導電漿，但新產品要打

開市場，可不是容易的事。對許多太陽能廠來說，與其試用新產品，承擔萬一出問題的風險，還不如繼續使用國際大廠的產品來得穩當。

為了讓客戶給新產品機會，陳繼仁吃了不少苦頭。但他對自己的產品充滿信心，靠著堅持到底的精神，一次又一次不斷去敲客戶的門。終於，第一道門打開了，陳繼仁這才有機會證明碩禾導電漿有多麼出色。

「用好一點的導電漿，絕對會讓太陽能廠商覺得划算」，黃振予說，如今碩禾做到「客戶捨不得不用我們的產品」，包括台灣與中國各大太陽能廠都是該公司的客戶。

日本蓋電廠　膽識過人

2015 年 5 月，陳繼仁的母親，高齡八十八歲的陳蔡玉鑾，出席了碩禾日本福島太陽能電廠的啟用典禮。這一天，她親眼見證了兒子的夢想。陳繼仁胞兄，碩禾董事長陳繼明簡短致詞後，隨即向現場貴賓介紹母親。陳蔡玉鑾以日文致詞感謝大家。看著兒子努力的成績，陳繼仁的母親，於哀傷中帶著驕傲。

看著這座花了一年半時間興建的電廠，黃振予說，這是台灣業者到日本建置太陽能電廠的先例，也是陳繼仁臨終前最掛念的公事之一。（註 3）

如今回想，黃振予還是對陳繼仁的膽識感到佩服。當時日本 311 大地震剛過不久，位於福島的這座 125 公頃的高爾夫球場，雖

147

然離核能電廠還有七十公里遠，但真的要決定買下來重整，並興建成太陽能電廠，的確需要很大的決心與勇氣。

黃裱予說，她光是在旁邊聽到陳繼仁講電話，就能體會到這宗案子的複雜度。從未合作過的台、日雙方，有很多細節要磨合。好幾次連在一旁的她都覺得壓力好大，忍不住就開口跟陳繼仁說，「這麼辛苦就別做了」。

磨出共識

如今回想，「他好像是做電廠之後，頭髮才開始變白的」，黃裱予說，日本人講究長時間累積起來的互信關係，面對一椿金額高達 50 億日幣的投資，以及一個所知不多的台灣企業家，雙方只好透過仲介及翻譯人員，不斷地溝通再溝通。

終於雙方達成共識，在盡量不破壞環境原貌的前提下，這座高爾夫球場被改造成一座融合先進科技與環保概念、17MW、每年發電二千萬度的綠色電廠，約可供給日本近五千戶家庭用電。

堅持到底的人

陳繼仁把大部分的精力，都放在國碩和碩禾兩家公司的營運上，兩個兒子則完全交給黃裱予來照顧。黃裱予說，她很感謝公司裡的高階主管，一直以來都支持著陳繼仁。

在黃裱予眼裡，陳繼仁是個堅持到底的人，不太容易被打敗。

碩禾日本福島太陽能電廠開工典禮，這是陳繼仁展現膽識與前瞻眼光的投資

她知道陳繼仁在公司營運的轉折點，大都要靠他自己做決定。做那麼多決策，不一定全都對，偶爾做錯決定的時候，也是有的。但最重要的是，發現錯誤之後要如何挽回，這就是跌倒還能爬得起來的關鍵。

晴天霹靂

創業初期，陳繼仁得過猛爆性肝炎。起先覺得胃不舒服、想吐，卻被診斷為胃腸躁鬱。後來再找內科主任，才找對問題，即時解除危機。從那時起，陳繼仁長期服用肝功能藥物，一直很穩定，每年的健康檢查也很正常，因此連他自己也覺得身體很好。

也許是多年來肝功能指數穩定，讓陳繼仁失去警戒心，漏了一年沒有做健康檢查。2014年的健康檢查後，當護士打電話到家裡來，急著說有嚴重的事要通知陳繼仁，說到可能罹患癌症的那一刻，黃袚予簡直不敢相信！

呼籲　重視健康檢查

陳繼仁發現生病後反省，為什麼自己的健康問題沒能及早發現？是健康檢查項目不夠細、不夠多？儀器不夠精良？還是檢查的人不夠專業？

他特別叮囑公司要為一級主管安排高階健康檢查，提醒同仁工

作之餘不忘照顧自己的健康。病中的陳繼仁，還不忘關心公司主管
與同仁的健康，讓黃裱予看在眼裡又是心疼，又是感動。

仁厚正直　急性子

　　人如其名，黃裱予覺得陳繼仁是個仁厚的人。「我覺得很難得，
他不曾回家說過任何同仁做錯、或做了不該做的事，更不會主動攻
擊人」。接下公司職務後，黃裱予對陳繼仁的仁厚，有著更深的體
會。

　　清華大學的游萃蓉教授也告訴黃裱予，陳繼仁最讓她佩服的，
是他的正直及人品。他是那麼願意對人付出關心跟時間，而且不是
交際應酬式的，是純然的真心。

　　「我覺得陳繼仁的一生雖然很短，但過得蠻精華的」，黃裱予
說，陳繼仁的性子很急，做事快，吃飯也快。很少到百貨公司購物
的他，連等待店員結帳的時間，也很沒有耐心。

　　黃裱予覺得，陳繼仁後來真的有點太過快轉，腦子裡有很多事
情，想到了就好想去做。所以，生病之前，他常跟黃裱予說他睡不
著。如今回想起來，「睡不著」，很可能就是生病的前兆。

最好的朋友　是妳

　　陳繼仁熱愛工作，幾乎沒有請過病假。一年到頭，除了國定假

黃祿予了解陳繼仁，也是最大支持者

日外，只有五一勞動節這天會在家。平常各自上班的兩夫妻，只有這一天會一起放假在家。黃祿予說，兩個人還會因此很不習慣，覺得尷尬。

從 2014 年 5 月 7 日陳繼仁發現身體不適，到 10 月 29 日去世，時間短短不到半年。休養期間，有一回夫妻兩人聊著天。黃祿予問陳繼仁，「你覺得你最好的朋友是誰？」陳繼仁不假思索馬上回答說，「是妳呀！」黃祿予坦言這個回答讓她心頭一甜，很是高興，但她隨即就追問，「那第二名是誰呢」？

出差 最早班飛機回家

接下碩禾執行長職務之後，黃祿予才真正體會到，陳繼仁真的很愛家人。很多高階主管都說，跟陳繼仁出差好累，因為他總是把行程排得滿檔，馬不停蹄。但到了星期六，陳繼仁一定搭最早班的飛機回家。此外，為了多陪家人，陳繼仁推掉許多應酬，這也是黃

袿予加入公司後，才體會到的。

　　不過，黃袿予還是不忘補一句，「他心中的第一名還是事業，真的！」。陳繼仁生病不能說話的時候，還寫字跟黃袿予說，「公司的 email 要幫我回」，惹得黃袿予「很想罵他」。

溫馨相伴的友人

　　有對夫妻，是黃袿予生老二時認識的好朋友。十幾年來，他們一路陪伴、默默支持，很多事都預先為黃袿予設想，讓她覺得很貼心。

　　陳繼仁驟然去世，黃袿予苦惱著不知該如何下筆寫訃聞，一通求助電話，對方就心領神會答應代筆。一路看著陳繼仁創業起落、奮鬥再起，這對伉儷中的先生遛完狗回家，短短時間，就完成了這份以黃袿予名義撰寫的訃聞。短短三百字不到，真摯細膩地描繪陳繼仁的精彩一生，讓很多人深受感動。

創業團隊革命情感

　　國碩集團的高階主管都非常資深，他們跟著陳繼仁從國碩科技到碩禾電材，幾乎都是十幾年的同事。大部分理級以上的主管，都是一起拼鬥上來的，和陳繼仁有著難以割捨的革命情感。

　　陳繼仁在請病假，休息四個星期後，給同仁們寫了一封信。他

陳繼仁帶領同仁一起打拼

在信中回顧自己和創業團隊十七年來共同突破「生產技術」、「市場供過於求」、「法律障礙」、「營運資金」等挑戰,「也嘗過銀行的人間冷暖,但是我們大家都一起挺過來了,現在我們有兩家上市櫃公司,每月營收超過 10 億元以上,總市值 450 億元」。

他同時也自省「我終於認真的理解了,十七年來我已經過度超用了我的身體」。

盡心　感人的告別式

從來沒有參加過告別式的黃湞予,沒想到第一場,竟然是要為心愛的先生籌畫。黃湞予把陳繼仁的告別式,辦得隆重感人,在許

多細節上用心，呈現創意與細緻。黃裖予說，其實她心裡只有一個想法，就是「不要有愧於陳繼仁」。

黃裖予知道，陳繼仁做事注重細節，對很多東西都很要求。因此，在看過了禮儀公司的幾回提案後，她決定自己找設計師。黃裖予知道，如果以自己的個性，可能只會很低調地辦一個靜靜悲傷、小小的告別式。但想到是要送給辛苦了一輩子的好老公，她就覺得應該仔細把這件事做好。

告別式前一天半夜，會場布置工作大抵完成，黃裖予駐足凝望，心頭湧上一股安慰，她沒想到自己居然能夠辦得到。忙到告別儀式開始前的最後一分鐘，黃裖予終於停下來，她知道，陳繼仁看到了一定會很滿意。

陳繼仁的告別式，突破許多不可動搖的限制，讓很多人留下了深刻的印象。黃裖予覺得陳繼仁相當有福報，需要的時候，可以來幫助的人，都來了，讓告別式得以圓滿。

音樂會　懷念陳繼仁

國碩集團與清華大學於 2015 年 4 月 25 日，清華大學校慶期間，舉行了「傑出校友陳繼仁博士追思音樂會」。包括國碩集團董事長陳繼明、清華大學校長賀陳弘、前校長陳力俊、校友會理事長曾子章，以及數百位親友、師長、同事及同窗，都出席了這場音樂會。伴隨陳繼仁生前最喜歡的音樂曲目，他們一起緬懷、感念，同時也

2015 年 4 月 25 日，「傑出校友陳繼仁博士追思音樂會」在清大校園舉行

撫慰黃裱予和二個孩子的哀傷。

　　清華大學校長賀陳弘說，陳繼仁的勇往直前、溫暖、真誠與熱情，以及他的典範行誼，將永存於清華人的心中。陳繼仁雖然事業極為繁忙，仍擔任清大校友會副理事長、清華「業界導師」、「清華學堂」講師，以及材料系「領袖材子計畫」評審等。此外，他也無私奉獻，大力贊助清華實驗室、旭日獎學金，以及校友體育館等。（註 4）

　　清華大學前校長陳力俊說，陳繼仁熱愛母校，盡心盡力，非常慶幸清華能夠有這樣一位傑出卓越，愛家、愛校的校友。他由衷感

謝陳繼仁博士對母校多項建設的支持，先前他發起百人會號召校友共同成就體育館的建立，陳繼仁不但自己率先響應，還進一步呼朋引伴，一舉達成七百萬元捐款。

國碩集團董事長、陳繼仁的胞兄陳繼明，以及國碩監察人、陳繼仁胞姐陳素惠，在追思音樂會上分享了陳繼仁小時候的趣事。對哥哥姊姊來說，那個經常黏在身邊玩耍的小弟弟，卻比兄姐早一步離世，真是至傷至痛。陳繼明也說要陳繼仁放心，哥哥會好好地替他照應事業及家庭。

聯華電子陳祖謙處長，是陳繼仁清大的同班同學兼室友。他說，陳繼仁是個學業與社團兼得的最佳平衡者，對待同學朋友真情真義，儘管日後成為上市公司大老闆，卻依然溫暖親切，毫無架子。

在陳繼仁身邊工作了十四年，國碩行政管理處副處長江淑惠說，陳繼仁凡事親力親為，記憶力及邏輯思考能力都很強，因此員工不可能在他面前馬虎。他在自己生病後，還十分關心員工，特別叮嚀她要每年都為主管們安排高級健檢。

注意細節　成就不凡

從告別式，到追思音樂會，處處可見黃裕予對陳繼仁的無盡思念。追思音樂會的會場布置，從外場接待到內場布置，從觀眾席到舞台區，在視覺、顏色、光線的各個細節，除了無法更動的硬體之

外，黃裖予都用心雕琢。在時間倒數的壓力下，她還及時在接待桌上，擺上別緻的盆花。連配合的設計師都說，「黃小姐，跟妳合作實在很刺激」。關於用心投入的一切，她說，「這都是要送給陳繼仁的」。

兩個兒子看著媽媽從規劃到執行，所展現的超能量，也深受影響。黃裖予發現，孩子們似乎因此更懂事了，也學到待人處事的態度，懂得一件在別人眼裡看來可能是極小的事，如果你能盡力把它做好，結果將會不同凡響。

峰迴路轉 新天地

從光碟片轉進到太陽能產業，國碩集團的發展，靠著陳繼仁的智慧、決心、勇氣，以及團隊同心協力的投入，不但沒有被擊倒，而且還峰迴路轉，找到一片新天地。

談到國碩與碩禾的營業狀況，黃裖予說，當年太陽能矽晶圓的市場價格好、需求旺，許多公司為了掌握穩定貨源，紛紛與上游供應商簽定長期採購合約。國碩科技受制於長期採購合約，有時會出現小虧損，所幸，合約到 2017 年就會結束。至於碩禾電子材料的發展，則十分穩健。

迎接挑戰 攻讀 EMBA

黃裖予重回職場，擔任碩禾電材的執行長，責任重大。她認為

自己比不上陳繼仁的專業，決定很多重大決策時，常可一針見血。她認為「公司治理」，如何站在經營企業的角度，考核員工績效、紅利發放，以及決定人事任用，是自己最難、最陌生的挑戰。

「有兩個東西，會讓公司一夜之間徹底毀滅，一個是財務，一個是法務」，黃棪予看過書上的這段話，印象深刻。她決定攻讀清華大學 EMBA，成為第十七屆的學生，希望能遇上更多的導師。

2012 年 10 月，陳繼仁出席 SEMI PV Taiwan 展前記者會（來源：產業人物 Wa-People）

　　同學間的互動，的確給黃棪予帶來幫助。例如談到工業安全，班上有位在國際化學大廠擔任要職的同學，就對黃棪予說，如果你公司有需要，我們可以派人去指導。後來黃棪予真的率領同仁，到這位同學的公司去觀摩學習，上了寶貴的一課。

同學網絡　經營加分

　　黃裱予十分肯定清華大學EMBA，原因之一在於同班四十個人當中，就能遇上來自各行各業的經營者。同學當中，有骨科醫生、麻醉科醫生，建商，公關，廣告商，還有輪胎業者，豐富性相當高。

　　有一天，一位同學打來電話，告訴黃裱予一個太陽能電廠的投資機會，那一刻，讓黃裱予感覺彷彿回到學生時代，大家互通有無，沒有利益衝突，互相幫忙的日子。

　　聽著同學的分享，也給黃裱予帶來很多體會。例如，不可思議的置之死地而後生、產品獨特性的重要，以及留任人才的奇招等，讓她看到經營企業「好神奇」的一面。

黃裱予說，碩禾的太陽能導電漿以傑出性能，獲得客戶肯定

持續　創新研發

　　碩禾的導電漿，靠著傑出的性能表現，登上全球市場占有率的亞軍寶座。除了中國市場帶來超過六成營收，另外還有來自台灣、印度、韓國及日本太陽能廠的訂單。

黃振予說，大陸的太陽能產業市場很大，加上國家政策支持，需求都以GW計算。相對地，台灣的太陽能廠以MW計算，比起大陸，規模相差很多。但台灣的太陽能廠積極創新，靈活應變，她相信一定能夠找到提升營運獲利之路。（註5）

唯有創新研發，才能不斷為企業競爭力加分。黃振予說，國碩針對兩個題目的研究發展，已經投入了好幾年。其中，低溫固材的應用很廣泛，除了電子產業領域的手機、LED外，生技產業的血糖測試機也用得上；而太陽能鍍錫銅帶（ribbon）則是應用在太陽能模組廠，也已經有小量出貨。

接棒　掙扎很久

聽黃振予談公司的研發策略，可以充分感受她如今已經是在狀況內。但說到接棒，黃振予說她其實掙扎蠻久的。從2014年8月到公司擔任陳繼仁特助、隨後陪伴他治療，到年底辦完陳繼仁的告別式後，黃振予又足足想了一個月。

算起來，黃振予大學畢業以後，在職場工作了十二年。接著她專心在家照顧兩個孩子，也剛好是十二年。重回職場，擔任高層管理工作，對黃振予來說，轉變真的很大。一方面她知道，管理者一定要在現場，唯有真正聽到看到，才能做判斷；另一方面，已經離開職場十二年的黃振予，心裡也有些擔心。

　　也許是性格裡的那份樂觀，也許是想探索陳繼仁到底做了多少事，雖說心裡的忐忑還沒有褪去，但黃薇予終於整裝，踏進國碩集團碩禾電材執行長的辦公室。

清大母校　感情深厚

　　陳繼仁對清大，有著深厚的情感。工作上他經常推掉許多應酬，但對於母校的邀約，幾乎從不拒絕。陳繼仁也十分推崇清大材料系教授們的實力，很希望孩子長大能就讀清華大學。他常跟孩子說，如果有興趣、也能夠考得進去，真的可以學到很多東西。

　　陳繼仁求學的歷程，像是倒吃甘蔗，漸入佳境。小時候在高雄左營玩得像野孩子似的。後來開始定下心來讀書，進了高雄中學。接著考進清華大學，一路到取得博士學位，越往上，讀得越認真。他常說，清大材料系給他很多基礎，讓他對讀書產生了興趣，越來越想念書。

　　黃薇予笑著說，「我喜歡這樣的人，就像公司一樣，你慢慢進步，不要大起大落」。她自嘲說，從小總是拿第一名的她，一直是模範生，但後來越來越不認真，這樣不好。

　　國碩集團裡，有多位優秀的研發人才來自清大材料系，算是陳繼仁的學弟、學妹。此外，也有來自大同大學的人才，表現也很傑出。黃薇予說，優秀的研發人才，對公司的貢獻度很高。

陳繼仁從大學到博士學位，都在清華大學完成

兒子讀清大　成為學弟

　　陳繼仁的大兒子也喜歡清華大學，還特別嚮往北京清華大學。為了想考進北京清大或復旦大學，到了高三還加緊苦讀歷史、地理及國文。為了兒子的心願，陳繼仁和黃掁予特別飛到澳門幫他報名，考試時還全家出動，四個人一起去。

　　成績公布，大兒子的分數差了一點，考上的是上海師範大學。經過再三考慮，陳繼仁和黃掁予擔心上海徐家匯的環境太奢華，不放心讓孩子一個人前往，所以還是建議兒子參加台灣的大學聯考。這一回兒子順利考進清華大學，果真成了爸爸的學弟。

黃祆予說，大兒子從高中時就常在清大圖書館念書，本來就十分喜歡清華大學。倒是剛到清大 EMBA 就讀的自己，以前陪陳繼仁參加清華百人會活動，只到過清華校園散步，認識的人不多。如今黃祆予也成了清華的學生，短時間就認識許多清華人，包括陳力俊前校長、戴念華教授及孫海珍特助，都給了她最大的支持、溫暖與關懷。

同仁健康第一　鄰居開始運動

傷痛失去陳繼仁，讓黃祆予不斷提醒同仁，工作之餘要特別注意健康。她對員工說，「你一定要健康，才能繼續幫公司服務。我捨不得失去你們，因為你們都是公司很重要的成員。為了公司，請你們一定要把自己的健康照顧好」。

看到有人忙到八點多還不回家，黃祆予都會忍不住說「拜託你回家」。此外，受到了陳繼仁的影響，黃祆予也發現，鄰居們很多人開始有了運動的習慣。

維護專利　支持太陽能產業

碩禾電材對於太陽能產業最大貢獻在於，自力研發出性價比更高的太陽能導電漿，打破了長期由外商獨霸的局勢，也讓台灣的太陽能供應鏈更趨完整。碩禾也因此與台灣所有的太陽能業者，有了

國碩科技及碩禾電材董事長陳繼明（右二）、碩禾執行長黃衽予（左二）、碩禾總經理黃文瑞（左一）、國碩總經理蔡禮全（右一）

革命情感，並建立互利共生的良好關係。

　　黃衽予說，每回大家看著碩禾的業績發表會成果不錯，都會要求降價。但碩禾也有許多經營上的壓力，為了保持產品的競爭力，除了必須更積極投入研發外，還要支付龐大的專利維護費用。

　　「我很希望大家都能各自找到屬於自己的優勢，也許過程有如在一大堆石頭中找到一顆鑽石那麼難，但只要能夠努力去找，就能找到自己獨具的優勢」，黃衽予說「唯有客戶們業績做得好，我們才會好；而我們努力把產品與服務做好，客戶才會好」。

2012 年 10 月，碩禾於台南學甲設置太陽能電廠落成啟用

穩健接班　屢創新高

　　陳繼仁去世後，由胞兄陳繼明，擔任國碩及碩禾兩家公司的董
事長，接著，黃翃予加入集團，擔任碩禾的執行長。剛到公司的黃
翃予，看到簽呈的龐大數字，都要數一下，還要確認幣值是人民幣、
美金，還是新台幣。不過，她似乎很快就上手了。大半年的時間過
去，穩健接班已從營運成績屢創新高得到證明。在全球太陽能市場
充滿挑戰的時刻，國碩與碩禾持續締造好成績，有如市場中的千里
馬。（註 6）

　　2015 年碩禾受惠於中國太陽能電池廠需求攀高，特別是對於正

銀漿料的採購量增加，帶動營收逐月成長。此外，碩禾在台灣台南、日本千葉、福島、岡山，都完成太陽能電廠的設置，也為公司帶來穩定的收入。（註7）

產生共鳴　熱愛五月天

　　二、三年前，受了小兒子的影響，陳繼仁與黃裖予也喜歡上「五月天」樂團。陳繼仁的車上六片 CD，每一片都是五月天。「剛開始真的覺得好吵」，但黃裖予仔細一聽，才發現好幾首歌的歌詞相當有意境，像「知足」、「倔強」，還有陳繼仁在人生最後一個尾牙演唱的「OAOA」，就是他非常喜歡的歌。

　　黃裖予說，陳繼仁的歌喉不錯，當年可以把「吻別」唱得很好。但當他在尾牙唱 OAOA 時，聲音就開始有點沙啞，只是當時沒有察覺，那極可能也是健康的警訊。

　　2013 年，小兒子好不容易買到了五月天演唱會的票，夫妻倆就和小兒子一起去台中聽演唱會。起先黃裖予還很不好意思，心裡嘀咕著「現場有我們這麼老的嗎」？後來才發現是自己想太多。

　　個性單純、真誠、保有赤子之心的夫妻倆，很快就喜歡上了五月天演唱會，聽完之後都很感動。當下還約定隔年還要再一起去參加，只是，從此就沒有機會了。

　　黃裖予喜歡五月天講話很貼心，很小心，不會隨便去傷害到任何人，讓她覺得很難得，很值得學習。

國碩集團的尾牙歡慶晚會，陳繼仁和大家一起唱五月天的 OAOA

獲得日本人友誼

在日本福島投資設立太陽能廠，過程雖然備嘗艱辛，但陳繼仁的膽識與堅持，也獲得了日本人的友誼及尊敬。協助碩禾在福島興建太陽能廠的日本營造廠商，老闆坪井先生，曾留學美國，他告訴黃袗予說，他很佩服陳繼仁。因為在當時那個時間點，連日本當地人自己都不太敢投資，但陳繼仁就能有膽識堅持投入。黃袗予說，福島太陽能廠的施工順利，坪井先生的專業與細心投入，是一大關鍵。

坪井先生也認識五月天，知道他們的英文團名是 May Day，他

為了來台灣參加國碩與碩禾的尾
牙，還認真練了 OAOA 上台表演。

樂觀　向老公學堅持

　　陳繼仁走了以後，黃裖予的
生活有了很大的轉變。過去她專
心在家照顧兩個孩子，陳繼仁則
專心在公司照顧國碩與碩禾這「兩
個孩子」。如今，黃裖予重回職
場，心裡還帶著傷痛，大家都關
心她如何在理性與感性之間調適
自己。

　　黃裖予說陳繼仁常笑她沒耐
心。她期許自己，未來能多學習
陳繼仁腳踏實地，「一步一腳印、
努力堅持」的精神。

2013 年陳繼仁參加清大材料系「業師
領航，材子傳承」活動，擔任業界導師
（來源：產業人物 Wa-People）

　　個性樂觀的黃裖予，有一天看到幾句話，帶給她很大的感動 --
「假若困境可解，何必心煩意亂；假若困境無解，鬱鬱寡歡又有何
用」。她笑說，這句話的語法和理工科的思維邏輯很像，因為就是
If Yes, or Not。她希望自己，往後無論遇到什麼樣的困難，都可以多
想想這四句話，而豁然開朗。

粗中有細　大智若愚

　　黃娠予說自己比較粗線條，不是個精明的人。但認識她的人都知道她粗中有細，邏輯力超強。小時爸爸常說黃娠予「大智若愚」，雖然看起來傻傻的，功課卻總是拿第一。

　　平時看不出來，黃娠予面對問題總能展現很強的爆發力。服務過很多社會名人的一位設計師說，黃娠予是她認識的人裡面，看起來最不厲害，但其實又是最厲害的人。

　　黃娠予深知老公是以工作為樂的人，遇上挑戰與困難，就好像在玩過關遊戲一樣，一關一關地過。所以，在陳繼仁發現病況，心情低落時，黃娠予就對他說，「我們就把這件事情，當成一個Project 來做！」，這樣的鼓勵果然對陳繼仁很有效，馬上就激起了他的鬥志。直到離世，陳繼仁的意志力一直很好。

提早到　比較不危險

　　黃娠予聽碩禾總經理黃文瑞說，和陳繼仁出差是很辛苦的，行程排得很滿不說，而且時間都掐得很緊。例如從湖口到竹北高鐵，才給十分鐘，所以經常必須跑步才趕得上。

　　原本黃娠予也和陳繼仁一樣，會把時間算得剛剛好，但現在她改變了，也經常提醒孩子們，緊張久了對身體不好。她強調，等人家是很好的一件事。早點到，不要匆匆忙忙，比較不會危險。如果跟人家約八點半，那就八點二十到，保留十分鐘，從容悠閒地等

待，萬一有什麼狀況，也還有時間應變。

趁年輕　多嘗試

黃振予建議年輕人，趁年少多去嘗試不一樣的事情，而且一定要實作。她也鼓勵年輕人勇於追夢，開始嘗試的過程中，也許不是一下子就能找對目標，這時可以先設定一個比例，例如 20%，之後再做調整，視情況擴大成你的事業。

「在學校的基礎訓練一定要夠」，黃振予強調踏實的基礎非常重要。等到有機會時，就比較有成功的希望。「如果夢想與事業可以結合在一起，那就是最幸福的」。黃振予說，像五月天把興趣和工作結合，就非常成功。

黃振予的大兒子 2015 年剛升大三，中文加經濟雙主修，小兒子剛上高中。她發現大兒子的記憶力及執行力都很不錯，建議他可以考慮往科技法律的路發展；而對於喜歡模型的小兒子，則試著問他要不要當牙醫。她說，其實她的提議只供孩子參考，希望孩子在思考未來的時候，能找到最適合自己個性的路，她不會強迫孩子。

說到不斷嘗試的精神，陳繼仁可說是產業中典型的代表人物，從光碟、IC 設計，到面膜，屢次失敗的經驗，一點也沒有讓他停下腳步。「人生太短暫，別想、別怕、別後退」、「最美的願望，一定最瘋狂」，五月天的歌，完全唱出陳繼仁的心境。

2013 年，陳繼仁在工研院四十周年「藍海系列：承先啟後典範

傳承，傑出院友座談會」中說，他創立了生產光碟片的國碩，以及太陽能電池導電漿的碩禾，背後都因為有工研院的支持，才能在光碟片利潤崩盤後，重新站起。他說，就他創業的經驗而言，十個研究計畫只要有三、四個成功，就是很好的表現。（註8）

（註1）中華衛星一號後來改名為「福爾摩沙衛星一號」，簡稱「福衛一號」，於1999年1月27日在美國發射成功。

（註2）CIGS 是硒化銅銦鎵 (Copper Indium Gallium Diselenide) 的縮寫，為薄膜太陽能電池的一種。

（註3）從2013年10月25日動土興建，到2015年5月19日開始商業運轉售電，期間經過一年半。

（註4）清大材料系主任賴志煌規劃「業師領航，材子傳承」活動，邀請蘇宗粲、施義成、謝詠芬、呂勝宗、陳繼仁、蘇峯正、俎永熙、曾炳南、陳超乾、許順良、王垂堂、洪健龍、李方正、賀慶雄等14位系友擔任業界導師。---「產業人物 Wa-People」報導，2013年3月2日。

（註5）GW 是 MW 的一千倍。GW 即「十億瓦」(1,000,000,000 瓦)，MW 即「百萬瓦」(1,000,000 瓦)。

（註6）2015年9月初，媒體報導「導電漿廠碩禾 (3691) 與矽晶圓廠國碩 (2406) 在太陽能廠中表現最佳，兩公司2015年8月的業績，同創單月業績歷史新高紀錄」。

（註7）碩禾在台灣台南、日本千葉、福島、岡山，都完成太陽能電廠的設置。其中日本福島太陽能電廠裝置容量17MW、年發電量達2,000萬度，收購電價每度43日圓，預估年營收9,600萬日圓；台南學甲太陽能電廠裝置容量1.2MW、每年發電量180萬度，收購電價每度新台幣6.9元，每年可帶來新台幣1,200~1,500萬元的收入。

（註8）「產業人物 Wa-People」報導，2013年5月6日。

年輕人趁年少多嘗試、多實作，能夠把夢想與事業結合，那就是最幸福的。

—— 國碩集團碩禾電材執行長　黃琤予

曾子章

創新利他
逆境淬鍊獨特價值

他推崇「全面品質管理」，實際應用於企業經營、人才培育、環境永續及健康管理。欣興電子在他率領下走出初期困頓，接著二十年間，業績成長超過二百倍。創新投資植物工廠及複合式餐廳，其核心思維，是利他與獨特價值。

清華六年　打好基礎

　　欣興電子董事長曾子章，出生於新竹市，小學五年級因父親經商移居台北，讀完初中、高中，直到 1968 年從建國中學畢業考取清華大學，才回到故鄉新竹定居。

　　高中時代，曾子章與同學到幾個大學參觀。來到當時只有四個學系的清華大學，參觀以最少的資源，一次就打造成功的華人第一座原子爐，隨即就將清華列為首選志願。

　　曾子章心想，清華有許多年輕的歸國教授，校園廣大清幽，應該是個可以好好學習並培養獨立思考的好環境。放榜了，好消息傳來，曾子章如願考取清華大學。曾子章在清華大學培養了健康的體魄、豐富的知識、實作的經驗，從大學到研究所的六年光陰，是他人生中最珍貴的記憶。

大二轉物理系

　　讀完一年化學系，曾子章發現，物理學中的量子物理是化學的基礎，於是升大二時決定轉系，成了物理系的學生。

　　大學時代，曾子章清早七點前起床。學校規定全體學生要到大草坪，跟隨體育組主任張齡佳教授做早操、跑操場。曾子章熱愛球類活動，在大學及研究所六年期間，除了棒球、足球、羽球外，也參加手球校隊，無形中鍛鍊出不錯的體能。年輕時養成運動習慣，加上如今仍適量運動，讓每天工作超過十小時的曾子章，仍能精神

奕奕。

獨立研究　教學相長

　　曾子章至今仍十分慶幸，清華大學不但設備完善，而且大師如林。許多教授相當年輕，留學歸國的他們，對於教學與指導學生，充滿理想與熱情。教授們將國外最新知識帶到課堂，與學生一起討論，教學相長，學習效果奇佳。此外，學校也講究實作經驗，大四那年曾子章就接觸車床，親手燒製玻璃，還製作小型真空系統，這些實際動手做的經驗，讓他受益良多。

　　念碩士班的兩年，曾子章跟隨楊銀圳教授做離子植入原型機及解離氮離子植入矽晶圓的專題，進一步培養獨立研究的能力，對往後職場生涯，也有很大的幫助。

　　服完兵役，曾子章先進入美商通用器材公司在新店寶橋路的半導體工廠，擔任後段製程工程師。接著到國科會精密儀器中心從事三年的高真空系統及零組件計畫，期間被選派到美國瓦里安（Varian）公司接受離子植入機（Ion Implanter）整機設計、組裝及測試訓練，接觸到 1980 年代促使半導體快速微小化的關鍵技術。

踏入職場　從聯電到欣興

　　踏入職場至今，曾子章工作最久的兩家公司，分別是聯華電子（UMC）及欣興電子（Unimicron）。

1980 年，聯華電子從工研院電子所衍生獨立為公司，並大舉徵才，曾子章就此加入。剛開始，他擔任四吋晶圓廠生產設備部門主管，後來經過製造、品管主管的歷練，成為聯電在 1988 年籌建台灣第一座 VLSI 六吋晶圓廠的建廠小組負責人。

這座晶圓廠建成後，曾子章升任廠長。認真踏實的工作態度，讓他在幾年內，就被擢升為資深副總，帶領消費性及通訊電子產品事業部門的發展。

曾子章聯電任職 13 年後加入欣興電子

聯電十三年工作期間，曾子章累積了建廠、設備管理、品質管理、生產管理到經營產品事業部的全方位歷練。對於公司交付的使命，也總是能夠漂亮俐落地完成。

臨危授命　事在人為

1993 年 4 月，曾子章臨危授命，接任聯電集團旗下的欣興電子總經理，面對事業生涯另一項巨大挑戰。

欣興電子原名新興電子（Worldwiser Electronics Incorporated 簡稱

WWEI），為國民黨黨營事業，是第一家台資的印刷電路板（PCB）公司。隨著 1980 年代台灣電子產業起飛，PCB 產業也隨之蓬勃發展，但新興電子卻因長年虧損以至於 1990 年進行重整，改由聯電、宏碁等公司投資入股，改名「欣興電子」，由當時聯電董事長曹興誠，擔任欣興電子的董事長。

重啟新生的欣興電子，前三年，仍處虧損狀態。曾子章 1993 年接棒時，員工約兩百人，年營業額只有新台幣二、三億元，在台灣同業排名約 16，全球排名更在 400 名之外，規模很小。

曾子章肩負轉虧為盈的使命，到了工廠，看見廠房破舊、悶熱、潮濕，並且有異味。加上最大客戶因擴張不當而倒閉，讓欣興電子業績突然萎縮三成多。此外，還有不少壞帳、存貨。處境惡劣的程度，甚至到了「生死存亡掙扎」的關頭。

當時印刷電路板的廠房跟不上潮流，很多人把 PCB 產業叫做 3K 產業，意思是日文的污穢骯髒（kitanai）、辛苦（kitsui）又危險（kiken）。但曾子章卻認為，「事在人為」。

曾子章說，電路板像個平台，上面可以放很多記憶體、CPU 及各式各樣的 IC 元件，像人體的骨幹。同時這塊電路板還負責平台上各種 IC 元件及零組件的訊號傳輸，所以也像是人體的神經。既是骨幹又是神經系統，足見電路板的重要性。

他捲起袖子，帶領團隊積極整頓、開拓業務，並用心提升品質及生產力。對廠房逐步改造翻修，架高地板安裝地下管線系統，解

新興電子早年廠房，1990 重整後正式改名「欣興電子」

嶄新的專業軟硬複合板工廠

決了地板潮濕的問題，此外也安裝空調系統，炎熱夏天也能讓員工舒適工作。

　　曾子章同時擬定短期策略，傾全力改善製程和產能，提昇產品品質並重新建構客戶組合。這些努力使欣興電子在 1993 年年底就轉虧為盈，年度業績快速成長了 22%。此外，還透過教育訓練、改善計畫和標準化，積極培養人才。體質轉好的欣興電子，從此年年穩健獲利。

破釜沉舟　群策群力

　　回首往事歷歷。二十幾年前曾子章獨自一人從聯電到欣興電子，召開第一次幹部會議時，某位主管憂心忡忡提出大客戶倒閉、倒帳、業務不振，造成財務可能有缺口，呼籲曾子章趕快帶來資金或團隊

解燃眉之急！

　　主持會議的曾子章十分沉著。身為總經理的他對大家說，「只要我們團隊在如此困頓的環境下，還能夠同心協力、自立自強，以志氣、願景、理想，在業務開發、生產品質、成本、交貨各方面做出成績，董事會絕對會全力支持公司的營運及發展」。

　　會議結束，曾子章與團隊們開始像蜜蜂一樣忙碌，他們要趕快勤跑新客戶。包括宏碁在內的許多大公司，感受到他們的熱情，這才慢慢把訂單轉給欣興電子。不過，這些 PC 大廠對工廠的品質、製造能力、交貨速度的要求可不馬虎，全部比照國際級供應商的水準來要求。拿到訂單後，能不能快速反應，做好問題管理，達成客戶要求的品質，如期交貨，更嚴峻的挑戰來了。

　　有十個問題，哪三個要先解決呢？價格要有競爭力，那麼成本結構如何做出改善？從品質、服務，到成本，曾子章與團隊一步一步解決問題，連續好幾個月，公司才終於初步穩了下來。

忍一下　逼出創新力

　　在高壓下解決問題的超級考驗，曾子章應該可以出版厚厚一本回憶錄。有一回，某主管急呼呼地，跑來建議曾子章購買蝕刻機，以改善較細線的新產品良率，並紓解交貨壓力。

　　曾子章一看機台造價新台幣 100 萬元，交期一個半月。面對這麼大的金額，為了樽節開支、控制現金流量，曾子章面對簽呈，強

忍著不批准。

接下來的兩、三天,他和主管到生產線不斷地觀察、分析討論蝕刻均勻度不佳的原因,終於腦力激盪出又快又經濟的改善方案。最後他們完成機台噴灑機構的設計改造,以不到 7 萬元,在一星期內解決了問題。改造後,不但蝕刻均勻度相當理想,符合產品需求,而且生產瓶頸也因此獲得紓解。

找到問題、解決問題之後,曾子章沒有忘記身為管理者的另一項天職。他隨後獎勵了參與改善計劃的同仁,並揭櫫現場主義及活用眾人智慧改善問題的重要性。

激勵士氣,破釜沉舟,曾子章帶領團隊群策群力,隔年就讓公司獲利四千多萬元。董事長曹興誠,隨即在董事會做成決議,豪氣地將年度獲利的 45% 犒賞員工。

這項令員工尖叫、業界轟動之舉,激勵起團隊的士氣如虹。此舉也打下基礎,讓欣興電子在接下來的十年(1995~2005),成為台灣成長最快的電路板公司。

積極變革　關鍵是品質

仔細剖析欣興電子能夠匍匐而起,快速成長,最關鍵的是,品質。1996 年起,欣興電子不斷在品質、研發、客戶服務及人才培養上進行積極變革,在全員持續努力下,2003 年已成長為台灣第一大、全球第六大印刷電路板公司。

2013 年底，清華大學前校長陳力俊（右三）主持「清華名人堂」開幕。左起雲南師大葉燎原書記、諾貝爾物理獎得主楊振寧、北京清華大學前校長顧秉林、諾貝爾化學獎得主李遠哲、清華大學校友會會長曾子章（來源：產業人物 Wa-People ）

　　隨後，欣興電子在品質上的努力，獲得 2005 年「國家品質獎 - 企業組」的肯定。2009 年，欣興電子躍升為全球 PCB 第一大廠，2011 年欣興電子的 PCB 營收，超過新台幣 600 億元。

　　2011 年底，欣興電子獲得日本戴明獎（DAP）企業獎的殊榮，這是國際上對品質經營管理的最高肯定。接著欣興電子拓展規模，成立七家子公司，發展電子材料、微機電、觸控面板等多元領域。

其中，子公司永勝泰年營業額已達新台幣 10 億元，為全球防焊材料第二大企業。

由小我到大我　關懷貢獻

除了全力發展欣興電子的業務，曾子章也熱心台灣電路板協會（TPCA）的會務，為台灣電路板整體產業的進步奉獻心力。他曾任 TPCA 教育學院院長、副理事長及第五屆 TPCA 理事長，帶領產業快速成長，並踏上國際舞台，成為全球矚目的產業。

2006 年，曾子章獲得母校清華大學頒發傑出校友榮譽。2008 年榮獲第 18 屆行政院「國家品質獎 - 個人獎」，接著 2009 年底接任清華大學校友會會長。

清大校友會的理事會議，過去每年開會一次。曾子章接任會長後，將開會頻率增加，改成一年召開三、四次。希望藉此促進交流討論，使校友得以更有效關懷並回饋母校，同時也強化校友服務，提攜即將畢業的學弟妹。

2012　喜事連連

2012 年，對曾子章可說是喜事連連。由國家品質獎得獎者聯誼會轉型，成立於 2010 年的中華卓越經營協會（CEMA），在這一年推選他擔任會長。同年，國際品質學院（International Academy for Quality, 簡稱 IAQ）頒發曾子章 IAQ 院士殊榮。

　　「潘文淵文教基金會」從 2007 年起，為表揚半導體、電子與 IC 產業的傑出人士而設立的 ERSO Award，也在 2012 這年，頒獎表彰曾子章，肯定他領導欣興電子成為世界第一大 PCB 公司，為全球科技產業帶來重要的貢獻。（註 1）

脫胎換骨　專注品質

　　接手經營欣興電子的前二年，曾子章做了三件最關鍵的事。其一是「強化團隊的日常管理」，明訂部門職掌、加強教育訓練、並勤於操練。其二是將全員聚焦到「如何讓客戶滿意」上，齊心提升品質、生產力及交期的競爭力。第三則是揭櫫「利潤分享」的經營理念，激勵了全體員工的士氣。

　　為了調整公司體質，曾子章接著再補上一帖苦口良方。持續推動全面品質管

中華卓越經營協會第二屆會長曾子章與擔任第一屆會長的亞東醫院前院長朱樹勳

理（TQM），從改善問題到導入方針管理，終於帶來亮麗的成績。1997 年營收成長至新台幣 29.5 億元，擠進台灣第 5 及世界第 64 名的排行榜。

聚焦研發　走不一樣的路

　　中國大陸在 1995 年以來成為全世界工廠的態勢明顯，客戶多次邀請欣興電子到大陸設廠就近服務。眼見歐美日港及台灣同業旋風似的相繼在深圳、珠海、惠州、昆山等地設廠，但曾子章卻率領欣興電子，選了一條很不一樣的路。比起到大陸設廠，此時他更關注的是產業長遠發展所需的技術。

　　曾子章權衡整個 PCB 產業未來發展，有兩個特別值得關注的新技術。其一是手機產業崛起，朝著輕薄短小、多功能發展，傳統的電路板技術無法滿足需求。而「高密度互連」（High Density Interconnection，簡稱 HDI） 板的開發，有著來自手機產業的強大需求潛力。

　　其二為 IC 載板（Carrier），它是電路板產業中代表高技術、高品質、進入門檻極高的領域，產值約佔全球電路板的 12.5%，早期 IC 載板的材質由金屬演進到陶瓷，由日本少數廠商寡佔，獲利頗豐。但近來隨著電子產品精密度的進步，在電子信號、機械強度及成本等因素驅動下，IC 載板又從陶瓷轉向，改採與傳統 PCB 材料相近的有機材料，加上未來電腦、通訊、遊戲機、手機產業在功能、速度、

造型等方面不斷創新，將進一步帶動 IC 載板產業的發展。也因此，韓國、台灣的 PCB 同業無不準備伺機投入。

　　曾子章粗估，進軍大陸設廠約新台幣 20 億元，而集資研發 HDI 板及 IC 載板則須 21 億元，魚與熊掌不可得兼。在公司規模、資源有限的情況下，他毅然選擇投入新技術的研發。

2000 年　首座 HDI 板廠

　　從傳統的 PCB 突破創新，HDI 板的研發，終於有了令人雀躍的成果。這些技術成果，隨著手機蓬勃發展，讓欣興電子快速於兩岸建立多座 HDI 板廠，並成為全球 HDI 板的領導廠商。首先是 2000 年在台灣設立第一座專業 HDI 板廠，接著在 2003~2005 年分別在深圳及昆山建立第二、第三座 HDI 板廠。

　　以著前瞻技術及生產效率的優勢，欣興電子 2007 年起晉級為全球 HDI 板領導廠商，年營收超過新台幣 130 億元，全球前十大手機公司幾乎都成了該公司的客戶。

同步研發　IC 載板

　　與 HDI 板同步進行研發的 IC 載板，從技術開發到產能布局，團隊士氣十分激昂。2001 年欣興電子在桃園設立世界首座晶粒封裝載板 (Chip-Scale Package) 廠，接著於 2006 年發展覆晶型 BGA (Flip Chip Ball-Grid Array) 載板，而以記憶體為主的載板廠，也於 2008 年

在蘇州設立。

欣興電子的 IC 載板事業經過十年發展，在 2008 年締造營收超過新台幣 120 億元，成為全球前五大，2014 年更成長為全球第三大 IC 載板廠。

三合一　壯大競爭力

PCB 廠合併的最大挑戰，來自彼此企業文化隔閡，以及製造設備沒有標準化。欣興電子於 1995 年購買結束營業的同業廠房與土地，進一步擴大營運規模。（註 2）

2001 年由於全球網路商機泡沫化，PCB 產業嚴重負成長，很多同業營收獲利不佳，甚至虧損。為提升競爭力，2001 年 10 月，欣興電子準備展開「四合一」合作，將自己與集團內專注生產 IC 載板的子公司群策電子、鴻海集團 PCB 廠恆業電子（Bestmult），以及當時全台前十大球閘陣列（BGA）基板廠耀文電子整合於一。雖然耀文最後退出，但仍以「三合一」完成整併，從此欣興電子的英文名稱改為 Unimicron Technology Corp.。

掌握時機　併購成長

與同業相比，欣興電子的大陸布局，起步較晚。選擇先把資源投入新技術開發的曾子章，對於該公司「登陸」投資的時機，他說「來得早，不如來得巧」。

1999 年底，欣興併購廣東省深圳的台商柏拉圖電子，以既有的生產管理及擁有訂單的優勢，半年左右就將之轉虧為盈。接著 2002 年併購位於江蘇省昆山的鼎鑫電子，整頓後也在一年內開始獲利。

欣興電子以兩年半時間，很會就成為當時台商唯一在大陸華東、華南設有生產基地的 PCB 廠。其後三年，該公司不但分別在華南及華東建立 HDI 板新廠，迎接手機產業龐大商機，而且也是台灣在兩岸布局最深、產品線最多元化的 PCB 業者。

如今欣興在大陸生產總值約佔集團產值的 45%，而台灣則以研發及生產高階產品為重心，兩岸工廠機動互補。

「成功的公司，靠的是經營團隊的共識、理想、熱情，同時還需要具有無私、無間的合作」，在併購不同文化的團隊後，曾子章總是這樣提醒同仁。2009 年底欣興又併購了全懋科技，一躍成為全球電路板產值最大的公司。

感謝聯電　景仰曹興誠

曾子章說，聯電榮譽董事長曹興誠是他的貴人。1980 年 3 月他到聯電報到，歷經建廠、生產等磨練，一路受到栽培，參與各事業部的歷練多元豐富。他說「我在聯電工作十三年多，公司的成長非常快，對幹部培養不遺餘力，曹董事長的精神感召力、魄力及授權，令我景仰」。

聯電創業的精神，曾子章至今難忘。從掌握市場需求，在最短

的時間提供客戶優質產品，聯電整個團隊展現出來的快速靈活，是同仁不斷進步的強心針及催化劑。

活力充沛的聯電，不僅在技術上追求創新，管理上更是台灣最早推行全面品質管理（TQM）的公司之一。此外，曾子章對聯電高階主管身體力行與雅量，以及同儕的好學心，感到非常欽佩。

欣興電子轉虧為盈的第一年，曹興誠在董事會拍板定案，以45% 的高額度犒賞獎勵團隊，驚人的大手筆不但業界少見，他愛護及重視人才的做法，不但讓團隊人人振奮、感謝不已，同時也讓曾子章體認到「財散、人聚」的道理。

品管大師　狩野紀昭

國際 TQM 大師，日本品管大師狩野紀昭（Noriaki Kano）博士，是曾子章十分敬重的人物。他曾任聯電品質管理顧問，2001 年起也開始輔導欣興電子。曾子章對 TQM 非常執著而且投入，欣興能夠擁有今日成績，持續不斷倡導並實踐 TQM 文化，正是關鍵。

針對公司發展的不同時期，狩野博士會因材施教，協助破解經營管理的難題。犖犖大者包括「品質一條龍」、「業務四窗分析」、「學生四類型」及「車月台管理」模式等，讓人受益無窮。曾子章說，狩野博士曾問大家 TQM 管理循環的 P-D-C-A，亦即 Plan-Do-Check-Action 四者，哪一個重要？也曾在管理實務上，等到出問題才來「救

2008 年曾子章獲得國家品質獎個人獎

火」及事先「預防」問題發生，何者重要？這種刺激思考、辯證的
過程，相當具有啟發性。

預防　省下成本千百倍

　　「預防」的重要性，經常被大家忽略。一旦發生問題，不但要
付出的是百倍、甚至千倍的成本，有時甚至會造成無可挽回的憾事。
　　曾子章認為，全面品質管理的精神放諸四海而皆準，不僅用於
生產管理，也適用於食品安全及醫療健康管理等許多方面。他經常
提醒同仁，「問題」就是「寶藏」，鼓勵同仁正視問題，只要能夠
發掘問題，就有可能找到寶藏—解決問題。

日本戴明獎（DAP）是全球公認的品質最高榮譽，狩野博士的積極鼓勵與輔導，是欣興電子於 2011 年獲得該項肯定的最大推手。曾子章說，「狩野博士是我終身學習、指導我成長的老師」。

植物工廠　延伸 TQM 精神

在環保及公共安全花了很多心力與資源的欣興電子，獲得許多獎項肯定。看到國內食品安全問題頻傳，加上極端氣候，土地可耕面積持續減少，不由得讓曾子章對糧食危機感到憂心。

2012 年 9 月，他把全面品質管理的精神，用於種植健康無毒的蔬菜，開始打造「植物工廠」。相較於欣興每年投資設備支出超過新台幣一百億元，植物工廠初步投資只需二、三千萬元。「曾子章說，這樣的投資可以讓員工吃到健康，不是很好嗎？」

硬體上，曾子章早有經驗豐富的建廠與生產管理團隊，軟體上則找來學有專長的人才，建構環境呵護植物成長。

欣興的植物工廠採科技廠房潔淨室的概念，不使用農藥，避免天然災害及土壤重金屬汙染，完全隔絕外界干擾。加上以太陽能發電取代部分市電、LED 光源多層栽培，搭配水耕循環系統，只需傳統用水量的 5~10%。

農業科技　阿拉伯重要國策

地球上有八到十億人口，處於經常挨餓狀況。曾子章說，放眼

未來二十年，人口數目還會增加，但全球的可耕地面積卻在減少，加上極端氣候的影響，農產品很難支應人類所需。

「植物工廠的好處之一是，用水很省」，只要傳統灌溉用水的5~10%，就足以讓植物生長。曾子章說，這項嶄新的農業科技，已獲沙漠及極寒地區重視並陸續引進。而蔬菜水果悉數依賴進口的中東阿拉伯國家，甚至將此當成國家的重要政策。

累積三年時間，如今欣興植物工廠每月種植 40 幾種蔬菜，產量近 1.5 噸，除了平價供應員工及客戶外，也研發低磷、低鉀的蔬菜，供應腎功能不佳的病友，並榮獲 2015 年全國團結圈至善組專案類的銀獎。

雖然植物工廠為新創事業單位，初期年度業績不到新台幣一億元，但曾子章覺得這項投資很有意義，他相信幾年後，隨著生產技術更進步，這個事業部門很可能就會開始獲利。

複合式餐廳 Bistro 181

曾子章以系統化及全面性思維，思考如何吃得健康。他聘請新竹光復中學校長程曉銘擔任顧問，並與國王烘焙及 Yamicook 合作，打造欣興電子植物工廠複合式餐廳（Bistro 181）。

Bistro 181 餐廳結合欣興植物工廠培植的新鮮蔬菜，加上現場烘焙製品，展現多元飲食型態，除了持續推廣安全健康飲食的新思維，也結合學校及政府資源，提供學生實習或弱勢族群就業機會。

Bistro 181 餐廳 / 國王烘焙麵包坊

國王烘焙開幕儀式

穩紮穩打不斷創新

目前欣興電子有印刷電路板（PCB）、IC載板（Carrier）及IC測試三個事業部。

欣興電子成立的第一個事業部就是做PCB，剛開始僅有一個廠，主要生產個人電腦主機板及周邊產品的傳統PCB。1995年開始竄紅的手持式電子產品，從手機到數位相機，除了功能提升，還特別講究輕薄短小，因此讓新型PCB，亦即HDI板快速竄紅。

看好HDI板用於手機、超薄型筆記型電腦、平板電腦、數位相機、車用電子及數位攝影機等電子產品的市

場潛力，曾子章率領欣興電子於 1997 年開始致力開發高密度互連（HDI 板）技術。同年，也將負責 IC 載板研發與生產的部門，獨立成立了群策電子（UMTC）。

結集資源　重兵布局 HDI 板

為了開發世界級的手機客戶，PCB 事業部集結資源全力投入，從最初的興邦廠開始生產 HDI 板，緊接著 1994 年將原有的蘆竹廠重新規劃投入生產 HDI 板，但產能仍無法滿足客戶需求。

2000 年，大刀闊斧投資興建的山鶯廠，成為 HDI 板專業生產工廠的典範。接著，在中國深圳，欣興電子依照台灣山鶯廠的規格，興建一座全新 HDI 板廠，於 2002 年完工。

如此擴充產能，HDI 板的新訂單還是不斷湧入。於是曾子章在 2004 年開始重整合江廠，把原來生產傳統 PCB 的生產線，轉型生產 HDI 板。2005 年在中國昆山再建 HDI 板新廠。一連串的產能擴充，使得欣興電子的 PCB 事業部，在 2008 年成為全球第一大 HDI 板製造廠，同時也是全球手機板製造廠的冠軍。

由於智慧型手機的需求暴增，使得欣興電子的 HDI 板蟬連世界冠軍多年，展望未來，曾子章看好汽車 HDI 板的發展前景。他表示，目前汽車採用 HDI 板的比例還很小，也許只有 1% 到 2% 左右，未來極有可能成長到二、三成以上。

多種技術 雷射鑽孔選對了

創新是有風險的，而能夠正確決策，作對選擇，則是創新能夠成功的最大關鍵。欣興電子苦心研發 HDI 板的過程，正是如此驚險又戲劇化。

HDI 板生產初期，為滿足密密麻麻的高密度佈線，以及對位精準的需求，採用的是小孔徑的盲孔技術。在製程技術上，有多派擁護者。曾子章在多種 HDI 板製程技術中，選對了「雷射鑽孔」技術，讓研究團隊省了很多摸索的時間。

科技產業的創新，沒有分秒休止。好比剛爬過一個山頭，走了不久，馬上又有一座山頭出現。這一回的新挑戰來自原物料成本提高，而手機的價格卻持續下滑，嚴重侵蝕利潤。

PCB 事業部再度找到降低成本的辦法。2015 年他們成功加大 HDI 板的尺寸，產能因此可提高 20%。（註 3）

IC 載板 躋身全球前三大

欣興電子的第二大事業部負責的 IC 載板，1997 年以前由日本廠商執世界牛耳，主要用於 PC 所需的塑膠球狀陣列載板（PBGA）。

在電腦之後，手機的商機來了。欣興電子 IC 載板事業部，選擇了高階手機所需的晶片級封裝（CSP）技術，作為踏入載板領域的起步。先與摩托羅拉（Motorola）台灣廠合作，共同開發 CSP 技術，以品質、成本，及在地化服務，成為全球首座 CSP 大廠。（註 4）

欣興電子山鶯廠區

　　為了符合各種電子產品對高性能、多功能和低耗能的需求，半
導體技術從 32、28、16 奈米一路不斷精進，而覆晶（Flip Chip）
載板技術，包括覆晶 BGA、覆晶 CSP 及 3D 立體封裝載板，成為載
板市場三大主力產品。欣興電子於 2006 年興建覆晶 BGA 廠、2008
年興建覆晶 CSP 廠，如今已成為全球前三大載板廠。

運籌帷幄　全球布局
　　欣興電子第一個事業部生產 PCB 與 HDI 板，目前在台灣、日本、

曾子章（左二）榮獲 ERSO Award，由潘文淵文教基金會董事長史欽泰（中）頒獎
（來源：產業人物 Wa-People）

中國，及德國均設有生產線。

　　第二個部門生產 IC 載板，供應給全球半導體公司及 IC 封裝測試廠，除了台灣山鶯、新豐、中國華東設廠外，也在韓國、中國蘇州、馬來西亞設有售後服務中心。此外，也在美國、德國、中國、韓國及馬來西亞，設有 IC 載板的技術服務中心。

　　曾子章認為，聆聽並理解客戶對品質、服務、技術、價格及交期的需求，是最重要的經營之道。洞悉客戶需求很不容易，彷彿同

時需要放大鏡與望遠鏡。放大鏡探究經常被忽略的問題，而望遠鏡則帶領經營者登高，看見未來的機會。

看見未來新機會

公司的會議室，是展現企業文化的地方。欣興電子的會客室，給人整潔、效率的印象外，牆上還特別掛了一幀清廉採購的宣言，同時也呼籲供應商一起以優質實惠的原物料與設備，支持欣興電子服務全球客戶，強調這是一家講究紀律與操守的公司。

經常提醒同仁「問題就是寶藏」的曾子章，要求團隊要特別重視客戶意見的回應及處理。當客戶提出問題，如果回應得當，速度與態度都令人印象深刻，不但有助於改善現狀，更可能因此建立客戶的長期信賴感與忠誠度。

企業社會責任

世界一流企業，除了追求永續發展外，也必須是地球村的公民楷模。欣興電子 2010 年成立「企業社會責任管理委員會」，以愛護地球（Plant）、尊重人類（People）及追求績效（Performance）為主軸，透過財務、投資人關係、人力資源、環保暨安全衛生、資訊、資材、事業單位等部門代表，針對重大社會責任議題，訂定管理準則。

這個委員會以系統化的方式運作。起先幾年，無論是參加的同

為掌握技術、促進交流，欣興電子每年舉辦技術研討會

仁，或是蒐集的資料，皆以台灣為主。2014 年起，規模進一步擴大，大陸所有廠區全數納入，投入的人力、資源及關注力也隨之倍增。

　　2015 年委員會更名為「企業社會永續委員會」，並完成總幹事交接。未來將以二年一任，讓高層主管都有機會擔任總幹事，熟悉委員會的整體運作。

　　除了 2012 年「新秀獎」、2013 年「製造業優等獎」，欣興電子於 2014 年又獲「台灣 TOP50 企業永續報告獎」大型企業電子業 I 組的「銀獎」肯定。（註 5）

曾子章希望透過這樣的輪替制度，深化主管們對企業社會責任與商業競爭力息息相關的體認。或許要建立這樣的共識不是一蹴可幾的，但卻是欣興電子從「成功的企業」，晉級為「令人尊敬的企業」，所必須提升的過程。

2014 欣興電子獲得台灣企業永續獎，由廖本衛資深副總（右）出席領獎

公益超商　三贏思維

許多到過欣興電子山鶯廠的訪客，都有機會看到廠區內開了一家超商。與眾不同的是，這家由欣興電子與中華青少年關懷協會合作的超商，也具體投入公益活動。

2014 年 5 月開幕的「旭日公益超商」除了方便廠區同仁並提供優惠折扣外，也提供單親媽媽及中輟生就業機會。欣興電子免收該超商租金及水電費用，結算盈餘交由中華青少年關懷協會統籌運用，協助弱勢族群及社會福利單位。

實施結果初步評估，在欣興員工熱烈支持下，這家超商每日營收達新台幣 15 萬元以上，被評為台灣單店營收王。2014 年該超商

欣興電子旭日公益超商。左起中華青少年關懷協會輔導員邱虹菱、欣興電子范宏君、資深副總廖本衛、工程師黃馨慧

盈餘已支持受刑少年緊急用途基金、家長成長班、輔導更生少年取得技藝證照、及貧困學童預備輔助金等。

綠色環保　零污染

以「綠色企業、環境永續發展」為目標，欣興電子在公司內部大力推行各項教育訓練與環保活動，自 2011 至 2015 年，連年獲得

行政院環保署頒發「中華民國企業環保獎」肯定。位於新竹的 IC 載
板廠區，2014 年更獲得第 23 屆「中華民國企業環保獎」金級獎的
殊榮。此外，該公司也積極參與各項社區、校園、環保團體、政府
機關的環保活動。

　　為了建立全體員工的環保觀念，欣興電子的環保活動，無論是
廠內或廠外，都推行得十分積極。在廠內，除了經常舉辦影片欣賞、
環保競賽、植樹、環保文宣彩繪等活動。在生活上，也大力推動綠
色飲食概念。而不定期舉辦的淨溪活動，除了維持廠區周邊河川潔
淨，另一方面，也藉由親身體驗，使參與者了解環境維護的重要。

　　針對廠外，欣興電子也對鄰近住家、社區、員工住家進行環保、
節能及環境綠美化的實地輔導，透過技術及物資支援敦親睦鄰，同
時也號召大家一起節能減碳愛地球。

玉如意金魚　監測水質

　　對於製程廢水的處理，欣興電子取法新概念與新技術，於 2009
年耗資七千五百萬元，建立生物處理中心。實際走訪已經運行的廠
家，進一步確認有效性與穩定性後，接著又在 2010 年及 2012 年，
分別於山鶯、興邦及蘆竹廠，建構最先進的生物處理中心。

　　走在廠區內，栽種有櫻花的廠房連通小徑，牆上的水質監測數
據表，隨時呈現製程廢水處理後放流的生態指標。這樣的主動揭露，
也在潛移默化影響全體員工的環保意識。除了數字管理、看板管理，

2012 年，欣興電子在廠區內種植櫻花

水池中還飼養了有長尾鰭的玉如意金魚，作為生物指標。

為了自我檢視環保作業執行的成果，曾子章也鼓勵各廠區同仁參加「中華民國企業環保獎」競賽。該獎項是企業推動環境保護的最高榮譽，由環保署主辦，目的之一在表揚，另一方面也在鼓勵所有企業共同推動環境保護工作，善盡企業之社會責任。而所有參賽者透過經驗分享，也能教學相長，大有收獲。

逆境成長學

投資植物工廠之前，曾子章就涉獵了許多農業科技的知識與資訊，他從友人談論得知生物有一種逆境成長的天性。舉例說，台灣南部開挖魚塭、造成地層下陷、長期海水倒灌而使得土壤鹽化，本來不利於植物成長。但這樣的土壤，卻使蓮霧變得更甜美，打響「黑珍珠」的名號。而樹幹被釘了鐵釘的木瓜，部分營養輸送系統遭到

破壞，而其果實努力變得壯碩，這都是植物逆境求生繁衍本能的例子。

　　人也一樣。曾子章說，如果一直處在順境，代代相傳，最後很可能就沒有鬥志，成為「了庑仔囝」（台語，敗家子）。逆境，給一個人磨練的機會，讓他由挫折中獲得啟發，就有機會獲得成功。「逆境帶來成長、成功，生物和人都一樣，很微妙」，所以古云「將相本無種」就是這個道理，曾子章說。

　　曾子章認為，企業講求績效，追求繁榮永續，重要的是要有願景及階段性的目標。其次，要培養一批對公司願景有共識的員工。更重要的是，公司還要能夠群體一心，善盡社會責任。

鼓勵員工　挑戰新事物

　　曾子章認為，員工是企業的資產，也是合作夥伴。公司依據員工的專業知識、技術、工作職掌、學經歷背景及個人績效表現評定薪資，不因性別、種族、宗教、政治立場、婚姻狀況而有所差別。

　　除了基本薪資，公司也適時激勵士氣，以調薪、績效獎金、員工分紅、達成獎金、簽約金、及庫藏股轉讓，鼓勵員工繼續努力。

　　想起自己當年在聯電受到的培訓，曾子章對於培養員工適才適所及發揮所長，特別關注。除了透過各種制度的設計，讓員工有機會參與跨領域、跨技術的合作，更強化交流互動、團隊運作、腦力

欣興電子家庭日活動

激盪，讓員工相互學習。

　　此外，欣興電子也鼓勵員工嘗試並挑戰新事物，以跨領域的磨練，協助員工通盤了解企業整體營運發展的方向與流程，藉以提升員工的個人價值。

平衡　工作與生活

　　儘管工作忙碌，但喜歡閱讀、也熱愛運動的曾子章，對於平衡的生活品質，也很講究。他說，一個人要有理想、重誠信。要熱愛

工作、友愛同事、疼惜家人，更重要的是要注重健康。

公司除了定期為同仁舉辦聯歡會，重視員工休閒生活的曾子章也經常參加公司的家庭日活動，對員工的關懷不遺餘力。他認為，唯有好的生活品質，員工的工作效率才會高。

欣興榮獲桃園縣政府「桃園心、就服情－就業金讚獎」金牌

為了傾聽兩萬多名員工的心聲，除了直屬主管，欣興電子也設計了多重管道，讓員工透過廠區內設置在牆上的「廠長信箱」、匿名的電子信箱及外籍員工專用電話等，向公司反映困擾或尋求協助，對於問題的回應及後續追蹤處理，也設有專人負責。

引發熱情　創新利他

從最先進的電路板技術、企業全球布局、萬名員工管理，到企業公益、環保與最新的農業科技，曾子章凡是投入一件事，無不以科學思維，和全面品管的手法來進行。

在欣興電子山鶯廠區裡的櫻花道、公益超商、植物工廠，以及緊鄰山鶯廠的 Bistro 181 餐廳及國王麵包烘焙，看似和電路板本業沒有關係，其實卻「很有關係」。深究曾子章投入這些事的動機，究竟是什麼引發他的熱情？真是令人好奇。

曾子章的答案很簡單，就是總想著，「要怎麼對人家好」。他說，心裡有這樣的想法，就會不斷做出「利他」的創新。

提升員工　職涯發展

欣興電子注重人才的養成訓練，除努力打造安全健康、兼顧生活品質及情緒安頓的工作環境外，也致力於提供學習與成長的機會，以紮實的教育訓練，充實員工的技能及擴大職涯發展機會。此外也依照員工個人特質、工作領域及層級，持續進行優化。

欣興電子有一套管理人才的養成訓練，高達 77% 經理級以上的主管，皆由企業內部獲得晉升。這套內部管理職能發展系統，針對現場主管、基層主管、中階主管，以及高階主管，以導師制度、行動學習方案、計畫性輪調制度、核關人才，以及欣傳計畫等主軸，培養成未來的經營大將。

持續努力多年，欣興電子對於人才的投資，實至名歸。近年來持續獲得勞動力發展署高度肯定，從 2007 年獲得台灣訓練品質系統（Taiwan Training Quality System，簡稱 TTQS）銀獎以來，連年獲獎，2015 年更獲得 TTQS 金牌的最高榮譽。（註 6）

欣興電子社團活動

整合資源　再創高峰

　　三大動力，驅動著欣興電子中長期業績成長。其一是自 2012 年底開始研發，投資研發經費 30 億元、設備支出 100 億元，開發出全球最先進的 CPU 載板，即將達到量產規模。這項革命性的創新，不但技術上大幅跳級，從 28 奈米邁進 14 奈米及 10 奈米，加上最先進的設備，將成為全球標竿。

　　其二是因應未來高速電子訊號傳輸及密度更高的產品需求，欣興電子同時與多家客戶展開合作，所開發的新材料與先進製程，將是未來公司營收引擎的推動器。

　　此外，曾子章表示，欣興電子將更有系統地整合兩岸人才、生產基地，以及研發資源，為服務產業帶來更大的綜效。

　　率領欣興電子二十幾年間，曾子章讓公司業績成長超過200倍。展望未來3-5年，曾子章說，欣興電子將兼顧企業獲利、客戶滿意、員工福利的三大目標，穩步推升業績達新台幣720億元以上。（註7）

（註1）「潘文淵文教基金會」ERSO Award 2012年得主：欣興電子董事長曾子章、訊連科技董事長黃肇雄、中華電信董事長呂學錦。

（註2）1995年華得電子結束營業，欣興電子買下其廠房與土地。

（註3）2015年擴大排版尺寸從20 x 22英吋，增為21 x 24英寸。

（註4）PBGA塑膠球狀陣列載板，全名為Plastic Ball Grid Array。CSP晶片級封裝，全名為Chip Scale Package。Flip Chip覆晶技術，將晶片連接點長凸塊（bump）取代傳統拉線，然後將晶片翻轉過來，將凸塊與基板連結。

（註5）「台灣TOP50企業永續報告獎」主辦單位為台灣永續能源研究基金會。

（註6）欣興電子2007年獲得TTQS銀獎、2008年獲得TTQS白金獎、2010年獲得TTQS銀獎、2011年獲得TTQS銀獎、2012年獲得TTQS金獎、2015年獲得TTQS金獎。

（註7）曾子章1993年接掌時業績新台幣2~3億元，2014年達600億元，成長超過200倍。

逆境帶來成長，企業、生物和人都一樣。公司
永續成長的 DNA，就是無懼挑戰，不斷前進。

——欣興電子董事長　**曾子章**

葉均蔚

材料創新
引領世人挖掘寶山

他喜歡研究、善於思考。服兵役時，開發出玻璃表面處理技術，創立家族企業。他專注研究金屬，為輕金屬專家。繼而潛心研究八年，突破傳統極限，成為高熵合金之父。以新材料打開無可限量的應用範疇，因此廣受全球矚目。

國際材料大師　在台灣

　　放眼全世界的材料科學家，台灣有一位令人既敬佩又好奇的金屬材料大師，他是突破材料學有史以來最大迷思，以研究出二十一世紀新興材料「高熵合金」（High-Entropy Alloys，簡稱 HEAs）而名聞遐邇的葉均蔚博士。

　　葉均蔚為清華大學材料系教授，他獨創高熵合金的觀念，成為世界權威。2004 年起，他在國際上以驚人的數量與速度發表論文，並被廣泛引用，影響深遠。除了國際知名出版公司邀請出版「高熵

2011 年 5 月，葉均蔚與陳瑞凱教授，受美國空軍實驗室邀請，商討高熵合金的合作

合金」的教材發行全球，來自大陸、印度、日本、韓國、美國及以
色列的請益與合作邀約，更是絡繹不絕。葉均蔚也因此被稱為「高
熵合金」之父。

南澳　成長歲月

　　葉均蔚從小生長於蘇澳鎮南澳鄉，山明水秀，離蘇澳鎮還有
二十五公里的距離，是蘇花公路的中途大站。

　　父親祖籍福建省林森縣，在大陸擔任過福建省縣警察局局長以
及省政府民政廳的科長。與民國同壽的他於民國三十八年「由唐山
過台灣」，認識了葉均蔚的母親，進而組織家庭，定居南澳，有了
七個孩子。

　　葉均蔚說，父親仁慈、學問好，經常幫左鄰右舍寫信、寫公文、
討論問題，而且從不收費，至今仍讓鄉親津津樂道。父親擔任南強
里蓬萊國民學校的教導主任，直到六十五歲退休。

　　在家排行老三，葉均蔚有二個哥哥、四個妹妹。靠著父親一份
薪水，要養活全家九口，經濟上頗為拮据，因此父親預支薪水，是
常有的事。為此，母親必須做小生意及打零工，以貼補家用。

　　在母親經營的小福利社，葉均蔚會幫忙賣東西。母親去拔花生
打零工，按工計酬，三兄弟也會跟在後面，撿拾掉落田裡的花生粒。
大熱天戴著斗笠，皮膚曬得黝黑。家裡煮的花生，就是這樣一顆一
粒撿來的。兒時生活窘困的情景，葉均蔚至今難忘。

愛動腦的孩子王

1969 年，葉均蔚於花蓮中學讀高一，全家福攝於南澳蓬萊國民學校的中庭，背景為教室。前排依序為父親葉畢鐸主任、三妹念慈、母親葉王碧雲、四妹念毓及二妹念萱，後排為大妹念錦、大哥均懋、二哥均盛及葉均蔚。

從小，葉均蔚表面乖巧，其實腦筋動個不停。他好奇、喜歡思考，不斷嘗試新事物。大家到田埂溝渠抓小魚、摸河蜆，有一回大家的收獲都很少，葉均蔚就順水流方向往上游找，發現一個九十度大轉彎的靜態流域，心想一定很多，彎身探手一摸，滿載而歸。

他自己動手做玩具。小學六年級時對火箭很著迷，就買來鞭炮，取出黑色火藥，做為紙火箭的推動力。接著還在老樹的鋸斷面上，當成比身高更高的發射台，成功發射了六十公尺。除了槍與彈弓，他還細細磨去橄欖核頭尾兩端的尖角，拿來當作瞄準、發射彈指神功的寶物。

葉均蔚也設計遊戲的方法。自創以手代刀，有效砍到對方身體

的贏法。此外，他還自創一套球打不到身體、無往不利的擋法，在丟背球的遊戲中順利取勝。群體當中，會讀書又會玩的葉均蔚，成了十足的孩子王。

小學　提早入學

算起來，葉均蔚是家裡七個孩子當中，最會讀書的。但小時候一聽媽媽要帶他去上學，卻是嚎啕大哭，抵抗不從。

才五歲半，葉均蔚幫著鄰居小孩偷摘水果時把風，被平日嚴格的媽媽大聲訓斥。母親擔心他學壞，決定讓他「寄學」，提早進入父親任教的小學。在葉均蔚心裡，感覺這樣去上學似乎是母親對自己做了壞事的「處罰」，眼見又將失去自由自在無憂無慮的時光，因此非常抗拒。

母親一邊罵，一邊拿出背妹妹的背巾準備綁葉均蔚，說要吊到天花板上痛打。他的哭聲驚動了鄰居，大家紛紛跑來關切解圍，一問之下才知道是這孩子不肯去上學。

鄰居們想了辦法，建議母親改施軟計，買糖果鼓勵他，還承諾上學天天可以有零用錢拿。有了台階下的葉均蔚，這才乖乖入學報到，得到五角。隔天，上學前再向母親要五角，但母親不給，還說「不然就不要上學好了」。結果葉均蔚選擇上學，半路上還趕快擦乾眼淚，怕被老師同學察覺。

也許因為母親太了解葉均蔚是個自尊心強、重榮譽感的孩子，

經過第一天新生訓練、認識小學老師及同學之後，不敢不去上學。第三天起，葉均蔚不再提起零用錢的事了，從此乖乖去上學。

啟蒙恩師　朱建吉

　　一般未足齡的寄讀生，必須重讀一年。但葉均蔚一年級就得全班第三名，因此父母決定讓他直升。從小學三年級開始一路到畢業，葉均蔚的成績都是班上第一。關鍵在於，他遇上了啟蒙恩師朱建吉。

　　朱建吉老師當年響應十萬青年十萬軍的號召從軍，和葉均蔚的父親一樣，從大陸來到台灣。他以啟發式的教學法，為葉均蔚的國文與數學打下很好的基礎，還利用課餘，為他及班上同學補習。

　　小學六年級，父親的一番話，讓葉均蔚面對人生第一個變化。父親看著牧童牽牛從門前走過，就告訴葉均蔚，如果他不想長大了只當個放牛的牧童，一個月只賺一斗米，那就要努力，考上省立花蓮初中。

初中　想家的眼淚

　　父親這番話，果真起了作用。有了危機意識的葉均蔚努力讀書，順利考取花蓮初中，分到好班。但此後，他就要離開家裡了。

　　唸花蓮高工的大哥帶著未滿十三歲的葉均蔚，從南澳鄉下到花蓮來報到。初一上學期，葉均蔚寄住在舅舅家。下學期，他要求獨立住校，母親就教年少的他自己洗衣服、縫扣子。

來自花蓮、光復、玉里、瑞穗的住校同學們，大都成群結隊，而葉均蔚卻是獨自一人。與人相處要慢慢來的他，無法一下子就跟大家打成一片。怕生又有點自卑的葉均蔚形單影隻，同時住校的七、八十人，一個都不認

1971 年，葉均蔚（前排右一）念高三，在學生宿舍的曬衣場與住校的同學好友合影

識。大哥回去後，當晚他八、九點就上床，睡在上鋪感到相當寂寞，就蓋著棉被哭泣。

孤單的救星

初一剛入學的前幾天，下課時間，葉均蔚總是獨自一人，不曉得要跟誰講話。有一天，救星出現了。他是同班同學賴永和，跑過來跟他聊天。賴永和帶著葉均蔚去操場打籃球，也介紹同學給他。「我非常感謝賴永和，認識他以後，我就不孤單了」。

葉均蔚強調，這件事對他一生的影響很大。如今很多人都說他親切和善，沒有教授的架子，指導學生更是充滿耐心。其實一方面是他從小受父親的身教影響，而另一方面，就是賴永和對當年那個

既害羞又有自卑感的自己，伸出溫暖的手，所帶給他的體認。

花蓮求學　保送高中

　　離家在外求學，最照顧葉均蔚的，就是就讀花蓮高工的大哥。初一入學，他發現註冊費不夠，十分煩惱，不久就有了白頭髮。學費後來是怎麼湊足的，葉均蔚並不清楚，但他永遠難忘大哥為他愁白了頭髮，心裡非常感謝他。

　　初中畢業，葉均蔚以全校第十四名的成績，保送花蓮高中。心情大為輕鬆的他，開心回家放暑假，不料卻遇上蘇花公路大坍方。於是，他每天和鄰居青年們，搭工程車到坍方路段去做工，清理落石。遇上大石頭，工人還要埋火藥炸碎，再推往懸崖到海裡去。打工一個月，讓葉均蔚賺到了學費，也是生平第一筆工資。

媽祖三支籤

　　母親很虔誠，經常到媽祖廟拜拜，求籤許願。葉均蔚直升高中後，志得意滿，就偷偷跑到廟裡拜拜，請示媽祖，問自己「能不能考上大學」？

　　他學大人搖籤桶，抽籤一看，媽祖竟說他考不上。感到吃驚又難過的他，心裡一邊狐疑，又一邊繼續抽籤。連問三回，媽祖給的答案都一樣，考不上。

　　垂頭喪氣走回家，葉均蔚全身無力坐在客廳，像洩了氣的皮球。

雖然爸媽聽了原委，頻頻安慰他，但媽祖三支籤的威力，從此讓葉均蔚戒慎恐懼。高中苦讀三年，葉均蔚終於以高分考取清華大學物理系。如今回想這件有趣的事，葉均蔚說，他相信媽祖是故意要考驗他的。如果早早告訴他能考上，可能他就會驕傲怠惰，反而不念書。

1973 年就讀清華大學物理系

讀書的方法

高中開始，葉均蔚開始面臨課業的新挑戰。本來初中總能考 90 分以上的他，一下子掉到 70 幾分。這時候，他和同樣來自宜蘭，高自己一屆的好朋友林顯宗，開始用心討論讀書的方法。

兩個好朋友一致認為，「讀書的方法很重要」。但究竟什麼才是好方法呢？答案雖非垂手可得，但如今看來，兩人不斷討論、摸索的過程，卻相當有智慧。

舉英文為例，沒有錢補習的二人，討論出「熟能生巧」、精讀「字典、文法及教科書」的方法。針對單字，「要念出發音、用音節來記」。葉均蔚連下課短暫的時間，也拿來背字典。他把背過的字做上記號，反覆練習，打下很好的基礎。

至於文法，葉均蔚只夠錢買一種文法書，他認真地把上下冊每一個習題做得滾瓜爛熟。接著是教科書的課文，除了精讀，還針對

句型與結構，進行文法分析。

找到對的方法，持之以恆。大學聯考英文總分 100 分，葉均蔚拿到 88 分的好成績，考進國立清華大學物理系。而林顯宗也考上國立政治大學，如今是政大社會學系的教授。

清大情濃

從大學、碩士、博士，到成為清華大學材料系教授，葉均蔚從 1971 年踏入清大，至今已經超過四十年。

讀了二年物理系，葉均蔚開始思考自己不是物理天才，相對地，新成立的材料系，則相當吸引他。當時台灣正在推動十大建設，中國鋼鐵公司也剛成立，葉均蔚想，如果好好學材料，將來踏入社會接觸產業，可以做出積極的貢獻。於是，他大二升大三時從物理系降轉材料系，成為清大材料系第一屆的學生。

一見鍾情

「轉到材料系，以及認識我太太，是人生中兩個重要的轉捩點」，葉均蔚說。大二那年的清明節，葉均蔚剛轉到材料系不久，特別從新竹回南澳探望父母。吃過晚飯，他信步走到母校，進老師辦公室彈起了風琴。

不久，兩位年輕女老師開門進來，葉均蔚趕緊站起來，自己介紹是學校教務兼訓導主任的兒子。葉均蔚看見太太的第一眼，就覺

得她漂亮，而且氣質出眾，一見鍾情。

回家後，葉均蔚從父母親口中探知她未婚，福建人，是同鄉，花蓮師專畢業後，到父親任教的學校教書。父母親知道葉均蔚喜歡她，也沒有反對。

原定第二天回新竹

1979 年，葉均蔚念清華大學材料科學工程研究所，與當時還是未婚妻的夫人張秀慧老師搭車時合影

的葉均蔚，決定延後行程，為的只是希望等她隔天下課後，有機會再打個招呼。第三天回到清大，葉均蔚開始寫信追求。從此，太太的倩影分秒都縈繞在葉均蔚的腦海。有一回，徐賢修校長在新蓋好的大禮堂演講，葉均蔚竟突然站起來，走出禮堂到成功湖畔，想她想得入神。

齋戒沐浴　祈願成真

戀情穩定後，葉均蔚心無旁騖地讀書。在學業、事業各方面，葉均蔚的太太，帶給他很大的影響，一連串的好事持續發生。

葉均蔚希望自己能留在台灣當兵。他研究出預官跟大學一樣分組，自己所屬甲組只有十八個名額的機械工程官派駐聯勤單位，不

1977 年，葉均蔚擔任少尉機械工程官，在聯勤總部軍品鑑定測試處服預官役

會離開台灣。所以他告訴自己，「一定要考上前十八名」。埋首準備一個月後，清大有二人上榜，葉均蔚就是其一。

受訓三個月後，接著是抽籤，決定分發到哪一個聯勤單位。葉均蔚的太太當時已經調到桃園大溪的僑愛國小任教，所以最好是抽到北部的聯勤兵工廠。葉均蔚想到每次抽獎自己總是手氣欠佳，為此，他還特別齋戒沐浴三天，並用左手抽籤。

結果抽到上上籤，葉均蔚如願分發台北聯勤總部，不但可以每天上下班，而且還配有宿舍。更幸運的是，僑愛國小附近有蔣宋美齡夫人創辦的僑愛新村，以及陸軍眷屬宿舍，每天都有交通車往來台北聯勤總部。因此，葉均蔚在台北經常下班沒有進宿舍，就到桃園來了。

受人之託　投入開發

葉均蔚在國小彈風琴、邂逅未來妻子的那個晚上，和太太一起走進教室的，還有另一位女老師陳雪娥。這位女老師已婚，之後調到僑愛國小，太太隨後也調到同一所小學，兩人繼續租屋合住。這

位女老師的先生吳明清從事不鏽鋼建材業，得知葉均蔚學材料，就請他幫忙開發不鏽鋼表面處理的技術。

當時不鏽鋼的表面沒有任何花紋，葉均蔚研究出以化學蝕刻的方式，讓表面

葉均蔚大學時，與大哥（右二）、二哥（右一）及大妹（左二）同遊台北新公園（今改名二二八和平紀念公園）

產生雕花的藝術圖案。葉均蔚負責管理聯勤單位的圖書館，查閱資料十分方便。而更令人不敢置信的巧合是，這位先生的不鏽鋼工廠，竟然就在聯勤總部的對面。

葉均蔚很專注地把技術開發出來，但這位朋友卻未採用，因為當時已有多家開始從日本進口設備，雖然很貴，但只要購買設備，就能夠買到配方。葉均蔚受託開發的不鏽鋼表面蝕刻及發色技術，後來並沒有實際生產，但做事認真的他，卻已經在過程中，累積出寶貴的經驗。

自創技術 投入創業

不鏽鋼的表面處理，成了葉均蔚第一個開發的工業化產品。為了避免業務範疇衝突，葉均蔚思考著，還能找什麼樣的材料來做實驗。有一天，他想到了玻璃。

除了圖書館看資料，葉均蔚也到重慶南路找原文書籍。沒有錢買就強記，然後就動手實驗，不斷地持續改進。一般玻璃必須先貼上膠帶作為遮蔽，之後開始噴砂，形成不透明的毛玻璃。而葉均蔚卻以巧妙的方式，直接將花樣印刷到玻璃表面，不用什麼保護，就能產生蝕刻效果。

葉均蔚把技術研究得很透徹，接著他告訴二哥，「我有這個技術，我們一起來做吧」！於是，1978 年，兄弟們就合力成立了家族企業。服完兵役回清大讀研究所的葉均蔚，選在青年節這天，歡喜成婚。

1986 年 6 月，葉均蔚獲得清華大學材料科學工程博士學位。畢業典禮時，在鐘塔旁草坪與夫人合影

家族企業 齊心經營

大四時，葉均蔚曾聽到一個故事，十分嚮往。那是一位教授

將在美國研發的蘇聯鑽技術引進台灣生產，在創業成功後，蓋了大樓，分給兄弟們每人一層。葉均蔚沒想到自己有一天，也能開發出有價值的技術，讓兄弟姊妹們一起來經營，同時也蓋住宅，各分一層。

除了大妹嫁到宜蘭頭城，其餘六個兄弟姊妹，都投入了這家公司的營運。大哥管工廠、二哥做業務、葉均蔚負責技術研發、妹妹當會計，大家各司其職。葉均蔚說，自己是家中書讀得最多的孩子，理應貢獻所學，而這家公司的成立，滿足了他心中最大的期望。

1999 年，葉均蔚伉儷到加拿大旅行，在議會大樓前留影

美術燈　導電玻璃

葉均蔚以玻璃蝕刻技術開發出美術燈用玻璃，市場佔有率步步

高升達 70%，成就了家族企業幾十年的商機。

　　之後，葉均蔚又開發出導電玻璃，用於玻璃冷凍冷藏櫃，在各超商、大賣場、醫院及檳榔攤都可見到。他在玻璃上鍍一層可以導電的薄膜，通電後有點微溫，因此冷藏櫃的玻璃門就不會結霜。用於 7-11 超商冷藏櫃的導電玻璃，並且申請了專利，隨著該企業集團海外布局，葉均蔚開發的產品，也隨之銷售到許多國家。

心存善念　助人助己

　　「為人處事，要心存善念，善才能滾善」，葉均蔚說，當初受人之託，開發了蝕刻技術，接著為了避免重疊競爭，轉而研究玻璃，

他說，「這就是品德」。從玻璃開始，葉均蔚又開發出多元化的產品，他將這一切都歸功於太太，因為源頭「都是她引起的」。

　　過程當中遭遇了很多困難，葉均蔚說，他一方面耐心地做實驗，一方面也不斷苦思，要怎麼做才能讓成品有競

2009 年，葉均蔚與夫人張秀慧老師攝於花卉栽培中心

爭力。當年，他只是一個研究生，沒有人指導，就有辦法把玻璃蝕刻技術，從零開始建立。包括打造設備、建立製造過程的參數，都是出自他一人之手。家族企業創業之初只有技術及一點父親的退休金，葉均蔚告訴自己，只許成功不許失敗。因為一失敗，公司就會倒閉。

除了能力、毅力，葉均蔚也養成看事情，不但要看全面，而且還要深入的習慣。後來他能夠完成高熵合金材料配方既繁複又龐大的研究，舉世驚艷，葉均蔚說，「當年這些過程，對我是非常好的訓練」。

讀萬卷書　行萬里路

葉均蔚與太太近二十年來，每年都會出國旅遊兩次。藉由考察人文、地理、歷史、社會、科技，不但增廣見聞、平衡身心，更重要的是與好友同遊的樂趣，總是滿載而歸。葉均蔚是多愁善感的人，常對所見所聞有所感動。此外，他充滿好奇及聯想，常因此激發新的靈感及思想。他深感國內、外旅遊有如行萬里路、勝讀萬卷書，不但樂在其中，而且每有成長。

月亮、太陽、星星

葉均蔚說，太太除了在學業、事業上，帶給他很大的影響，還

葉均蔚伉儷及大女兒怡芳（左）、小女兒姍（中）及二女兒怡婷（右）全家福

為他生了三個可愛的女兒，豐富了他的人生。他分別以月亮、太陽、星星來形容三個女兒，說她們都很乖、很懂事，覺得自己是個非常幸福的人。

「我喜歡大家閨秀」，葉均蔚舉例說，如果有好吃的，先拿給父母、再拿給兄姊，能夠長幼有序，這才是對的。他慶幸自己追求到好太太，為自己帶來了美好的人生。他也教導女兒要成為大家閨秀，因此三個女兒都很受公婆疼愛。至於男生，葉均蔚則說要有大將之風，他常勉勵學生，「有大將之風，才能夠做大事情」。

玻璃大師近咫尺　好友不察

　　葉均蔚的辦公室，有好幾隻造型鮮活的蝴蝶擺在書架上，一問之下，竟是手工玻璃作品。十幾年前，他以獨家配方，將原料提供給新竹一家玻璃藝術品業者，只要混進玻璃裡面，就能自動發出多色彩，成為彩色玻璃，他特別稱之為「琉璃玉」。

　　另外，還有一排可嵌入公路路面，於夜間透過反射，就能提醒駕駛行車安全的「貓眼」，也有著精彩的故

葉均蔚開發的白色、黃色貓眼

事。葉均蔚說，這類貓眼是硬度很高的玻璃，要能承受卡車反覆輾壓，需耐重三十公噸以上。

　　大約二十多年前，有廠商從國外代理綠色貓眼進口，嵌入路面雖然效果很好，可是許多司機反映，晚上在北宜公路看起來很恐怖。這家代理商的業務代表，恰巧是清大材料系某位教授的弟弟。由於擔心產品遭人模仿，因此這位弟弟特別陪同主管，到清大拜訪哥哥。

　　這位哥哥是材料學博士，而且和葉均蔚也很熟，是師兄弟，他告訴對方說，「不用擔心，這個東西台灣沒有人能夠做得出來」。他沒想到，葉均蔚創新開發的白色與黃色貓眼，早已賣到各地市場。

連南非廠的英國工程師，都為此震驚不已，特別飛到台灣。

他們起先不肯相信台灣有此實力，直到代理商拿出葉均蔚開發的貓眼，果真是一黃、一白，這才讓英國工程師看傻了眼。代理商轉述說，他們甚至「整個人都癱了」。

葉均蔚強調，學校研究的東西，屬於學校。他在清大致力於金屬材料研究，指導學生也專注於金屬相關領域。至於玻璃方面，則是利用假日及寒暑假投入開發的成果。每當想到好友，竟把近在咫尺的自己給忘了，葉均蔚總是覺得十分有趣。

高熵合金　觀念首創

葉均蔚長期投入鋁合金、鎂合金等輕量化合金及複合材料的研究，早已是輕金屬專家，技術也成功移轉給產業。除了輕量化之外，他持續不斷追求突破，時時想著以哪些成分、製程，找出新的材料特性。

傳統的合金觀念，是以「一種金屬元素」為主。例如鋼鐵以鐵為主、鋁合金以鋁為主，而銅合金則以銅為主，擔任主角的金屬元素，比例通常高達七、八成，甚至九成。

而葉均蔚打破了多年以來的合金觀念，以「多種主要元素」做成合金，將五種以上的金屬元素熔合於一，限制每種元素的原子比例都低於 35%。過去二、三百年，常用的合金系統大約有三十種。而葉均蔚大膽提出的新觀念，卻可以不同的配方及比例，產生特性

2003 年，葉均蔚與師兄弟們宴請恩師劉國雄教授。前排左起葉均蔚、顏枝松、林諭男、劉國雄教授、吳泰伯、林和龍、林樹均

各不相同、數量難以估計的「高熵合金」。

熵　亂度的藝術

　　「熵，是一種亂度的參數」，而亂度是自然的表現。葉均蔚說，他是某一天開著車往台北，在新埔的鄉間小路上，想到「高熵合金」的概念。為了驗證不同的金屬元素，是否能夠順利熔合而不碎裂，葉均蔚帶著學生，與清大材料中心陳瑞凱教授合作，使用該中心電弧熔解設備，開始進行實驗。

　　葉均蔚說，所有的材料，從強度、延性、抗疲勞性、導電性、

磁性、耐蝕性到氧化性，都有它的獨特性。不同的合金，展現的特性就有所不同。

　　為了讓人理解「高熵合金」的觀念，葉均蔚常以綜合果汁來做比喻。如果把蘋果汁、鳳梨汁、柳橙汁、西瓜汁、甘蔗汁混合，每一種的比例介於 5%~35% 之間，那就是一杯高熵果汁。如果給你 13 種純果汁，任取 5 種、6 種、7 種到 13 種來調製綜合果汁，則共有 7,099 種取法。若再以不同比例來調製，綜合果汁的數量則難以計數。

　　元素週期表上有 103 個元素，其中有 80 個為金屬元素，而工程上常用的金屬，大約有 30 種。葉均蔚從中選取 5 種以上、以不同的比例熔合，因此可以設計出無數的高熵合金配方。

　　「高熵合金」實驗的過程新而充滿挑戰。「有耐心地動手去驗證，是很重要的」，葉均蔚說，如果只有理論基礎，而不透過實驗科學，就無從得知熔合的過程是否會碎裂，或是相互排斥。

苦心研究　三年突破

　　實驗的第一年，葉均蔚指導學生成功地熔出高熵合金，證明他的觀念可行。接著的問題是，這個新的材料，有什麼特性呢？最困難的地方來了。

　　由於高熵合金是全新的研究，所以沒有任何參考書或資料庫可用。一開始對於手中的高熵合金，只能做些硬度、腐蝕性等基本量

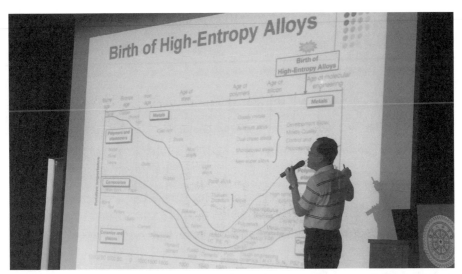

2014 年，葉均蔚於清大材料系游萃蓉教授主持的材料科技論壇，以「高熵合金新紀元」
（New era of High-Entropy Alloys）為題，發表專題演講

測，對於它的內部結構，雖然也做了很多分析，但卻無法掌握真相。
就好比人體照了 X 光，圖片雖然出來了，但卻沒辦法說出圖片所代
表的意義。

　　高熵合金的內部結構，是非結晶的，還是結晶的呢？如果是結
晶的，又是屬於哪一種結晶狀態呢？葉均蔚說，「一開始我不會分
析，真的是不會」。

　　最難的時候，葉均蔚也沒有想過放棄。只是身邊有些認識的人，
對研究不了解，說了些負面的話，讓他感到有些沮喪。不過後來葉
均蔚也想通了，別人會那麼說，就是因為他不了解。

　　葉均蔚相信「天生我材必有用」。他認為對於全新的材料，無論多難，一定要想辦法了解它。「你懂它，才能夠去用它」，葉均蔚堅持自己的想法，繼續努力。

　　不斷嘗試各種配方，葉均蔚直到到第三年才終於有了突破。他以銀、銅做基準，再去看其他部份的結晶體，這才發現高熵合金結晶體的基本構造與銀、銅很類似，這才恍然大悟、豁然開朗。

潛沉八年　2004 首度發表

　　高熵合金的研究，好比打開了一座寶山的洞門，葉均蔚雖然闖了進來，但手中卻沒有任何地圖。為了理出頭緒，他花了八年的時間埋首研究，累積了很多數據，也因此有了更深入的了解。期間，葉均蔚甚至自費申請了台灣、大陸、美國及日本的專利。也正式為這種新的合金命名，稱之為「高熵合金」。

　　台灣最先通過「高

2003 年 2 月，葉均蔚因開創高熵合金領域受肯定，獲得侯金堆傑出榮譽獎（金屬冶煉類），發表感言

熵合金配方專利」的申請。陸續地，其他各國的專利，也順利取得。葉均蔚給了高熵合金「採用五個金屬元素以上，每個元素不超過 35%」的定義。此後，他才把累積多時的研究，以震撼全球學術界的速度，開始發表論文。

　　從 1995 年的靈光一閃，接著埋首研究，期間葉均蔚每年只發表二至三篇非高熵合金的論文，對於教授而言，研究的成績似乎不太好看。但他從 2004 年起發表「高熵合金」的研究論文，有如春雷驚蟄、石破天驚，不僅提供許多大道，同時接櫫如教義般的四大核心效應，讓國際間的材料科學家無不讚嘆。第一年，他一口氣就發表五篇論文，此後他每年平均發表十篇，至今已累計發表超過一百篇「高熵合金」的學術論文。

著書傳承　全球發行

　　2014 年，葉均蔚與國際知名材料學家 Srinivasa Ranganathan 及 B.S. Murty 合著 High-Entropy Alloys 一書，由著名的 Elsevier 公司出版，成為全球材料學領域第一本高熵合金的經典教材與參考書。（註 1）

　　葉均蔚說，Ranganathan 博士是印度科學學院（Indian Institute of Science，簡稱 IIS）冶金系教授，為金屬材料領域享有盛名的材料學家，也是印度金屬領域白金獎章得主。他從國科會支持的「奈米國家型科技計畫」研究摘要中，注意到葉均蔚高熵合金的研究。那一

全球第一本高熵合金的經典
教材與參考書

年，葉均蔚的研究論文，還沒有正式發
表。

有一天，葉均蔚收到 Ranganathan 的
來信，信中 Ranganathan 表達了對葉均蔚
的研究既好奇又欣賞，希望能有更多的參
考資料。葉均蔚見他熱情誠懇，就大方地
把手中第一篇剛投稿給國際期刊、尚未刊
出的論文，寄給了他。

接到論文細讀後，Ranganathan 接著
回信說，他對葉均蔚獨創的高熵合金，驚
訝到不禁顫抖。不久，Ranganathan 還特別到台灣拜訪葉均蔚。直到
雙方見了面，葉均蔚這才發現，自己以前也讀過 Ranganathan 的研
究成果，納入「物理冶金」書中，對於能夠見到 Ranganathan 這樣
一位國際級大師親自來訪，感到非常榮幸。

拜訪後，Ranganathan 於 2003 年 11 月在國際間發表了一篇介紹
性文章，對葉均蔚大表推崇，他於文中指出，十分看好高熵合金新
材料，覺得很有發展潛力。Ranganathan 這篇文章，比葉均蔚的論文
更早三個月發表，成了葉均蔚後來發表百篇高熵合金論文的前奏曲。

你是怎麼想到的？

Ranganathan 當面對葉均蔚提出的第一個問題是，針對高熵合金

2005 年，內蒙古及山西之旅，葉均蔚伉儷、三女兒葉姍與陳力俊校長、戴念華教授、古秀梅及蔡瑞姝老師家人於內蒙古大草原

的研究，「你是怎麼想到的」？這也是葉均蔚從 2004 年發表論文以來，不斷被問到的問題。而他的回答總是一樣，就是在新埔鄉間小路，突然閃過腦海的靈感。

　　其實除了想到之外，還要能夠做得出來。其中關鍵之處，在於葉均蔚一直有著把事情想大、想透的習慣，善於有效率地解決問題，因此能夠把一個龐大而未知的題材，井然有序地做出研究成果。不過葉均蔚謙稱，由於他提出的構想，獲得許多貴人的認同與支持，加上優秀的學生跟著做研究，才能擁有今日的成績。

239

2015 年 3 月，葉均蔚受邀於印度馬德拉斯市（Madras）印度理工學院舉辦的「高熵合金」國際研討會做開幕演講，並和與會專家、教授交流。座次：葉均蔚（第二排中）、Ranganathan 教授（二排中左一）、Murty 教授（二排中右一）為該會議主辦者，大會贊助者包括波音與奇異公司

引領國際風潮

　　高熵合金為金屬材料提供了廣闊的研究領域，應用潛力無窮，引起許多國家的高度關注。葉均蔚的研究論文，受到越來越多人引用。從 2004 年首度發表以來，十年間累計被引用超過六千次。2014 年以後更呈跳躍式成長，如今每星期平均被下載二百次，證明高熵合金已成為金屬材料界的新顯學。

　　2005 年，清華大學前校長陳力俊，邀請葉均蔚一起到墨西哥

Cancun，參加一個材料科學的國際研討會。葉均蔚在會中介紹高熵合金，引起很多人的注意。從台灣清華大學物理系畢業，現任美國田納西大學教授的廖凱輝，於會後對葉均蔚表示高度肯定，並邀請他一起合作。

而繼印度 Ranganathan 及 Murty 教授之後，任職美國能源部的 Michael Gao 博士也邀請葉均蔚及廖凱輝合作出書。新書「高熵合金的原理與應用」於 2015 年底，由著名出版商 Springer 出版，葉均蔚為該書提供了大量的內容。（註 2）

從大陸留學瑞典取得博士學位的 Michael Gao，擔任該書主編。年輕的北京科技大學教授張勇，葉均蔚以照顧小老弟的心情，給予諸多指點與鼓勵，也是該書的作者之一。

葉均蔚認為，高熵合金能夠受到全球矚目，工研院院長劉仲明、工研院材化所前所長蘇宗粲、清華大學金重勳、林樹均、

2004 年 7 月，葉均蔚伉儷與林文台教授、陳力俊校長、彭宗平校長及陳建瑞教授遊歷晉南皇城相府

陳瑞凱、施漢章、彭宗平教授、美國的廖凱輝教授、北京的張勇教授等人的支持與大力倡導，是很重要的力量。葉均蔚說，「他們都是我的貴人」。

耐磨耐熱耐腐蝕　應用廣泛

透過高熵合金的觀念，可以發掘新合金、新現象、新原理，進而產生新的應用。其耐高溫的應用之一，就是引擎，所有的引擎，無論是摩托車、汽車、或飛機，只要操作溫度越高，就可提高效率並節省燃料費。

2015 年 3 月，「高熵合金未來的展望與挑戰」研討會於印度馬德拉斯市（Madras）印度理工學院舉行。主辦人 Murty 教授特別邀請葉均蔚擔任開幕演講貴賓。這場研討會找來波音（Boeing）與奇異公司（GE）贊助，重點之一正是如何以高熵合金提高飛機渦輪引擎的效益與壽命。

葉均蔚也分享了幾個可以公開的應用。其一是電腦數值控制工具機（CNC）第四軸的旋轉蝸輪。低磨擦係數的中熵銅合金，可以讓蝸輪更耐磨、延長使用壽命，如今已出貨上市。

其二是強調使用時不會因為敲擊、碰撞而產生火花的中熵銅合金手工具，特別在布滿粉塵、瓦斯、油氣等環境中，也很安全。其三是用於鑽油井的軸承，用耐磨、耐酸蝕的高熵合金，延長其使用壽命。

　　此外，葉均蔚還成功地將高熵合金應用於表面鍍膜，不但耐磨、抗菌，耐腐蝕、防電磁波，而且做到色彩豐富、製程精簡又環保。

多面向　授權產業

　　積極從事材料創新的瑞研材料科技，以及專注耐磨金屬材料的優頻科技公司，已經取得高熵合金的授權。葉均蔚與清大材料系林樹均教授合作開發耐磨的高熵合金，除了技術移轉給優頻科技，所訓練出來的學生，也到該公司任職。

　　經過多年實驗累積，葉均蔚掌握了高熵合金高強度、高硬度、抗腐蝕、抗氧化及光、電、磁、熱等多面向的特殊性。過去金屬材料在各行各業所遭遇的極限，包括船舶、海洋、航太、電子、3C 產品、通

2001 年 10 月 25 日，教育部長曾志朗頒發葉均蔚產學合作獎，獎勵他研發往復式擠型法，技術授權給可成科技公司

訊、化工、建築，甚至焚化爐等領域，未來都可能透過高熵合金的新特性，而獲得突破。

2010 年寒假，葉均蔚伉儷到越南中部旅遊，與好友合影。右起葉吉倫領隊、葉均蔚夫人張秀慧、陳宛芝、陳宛沙、陳鄭碧鳳（陳媽媽）、陳宛汶

葉均蔚很希望自己的研究心血，能夠幫助台灣的各個產業。他坦言，包括來自韓國的許多外國業者不斷叩門，合作的邀約從未間斷。不過他深知台灣企業在全球競局的艱難，加上自己是在國家栽培下做出的研究成果，因此只要國內業者有需要，他希望能將更多合作空間，保留給自己的國家，協助產業積極創新，進而傲視全球。

研究務實　心繫產業

拿到博士學位後，葉均蔚從講師升為副教授，到 1995 年成為清華大學的正教授，除了持續不斷投入金屬材料的研究，也指導了許多優秀的學生。他說，自己的研究成績，是國家與清華大學支持

的成果。

有創業經驗，也經常協助產業解決問題的葉均蔚，做研究不但務實，而且也非常了解產業需求所在。尤其現在整個國家經濟的大環境嚴峻，葉均蔚說「知識分子，責無旁貸」，更應

2009 年，葉均蔚伉儷與好友同遊苗栗縣造橋鄉火炭谷休閒農場。前排左起古秀梅主任、林翠屏老師、覃光明夫人、蔡瑞姝老師及先生魏鴻志。後排左起覃光明先生與葉均蔚伉儷

該挺身而出，帶著優秀的學生、良好的設備，好好地為產業做出實質貢獻。

一向謙和待人的葉均蔚，經常協助產業解決問題。他也鼓勵自己的學生，雖然產業龍頭大廠提供優渥的薪資條件，但不妨思考加入新創公司，更有機會走出不一樣的路。葉均蔚說，重視研究發展、尊重研發人員的老闆，最能觸動他全力協助的熱情，對學生而言，加入這類公司，也更能有發展的空間。

宰相肚裡能撐船

個性內斂、充滿感性，卻長年從事著科學研究，葉均蔚對於人與人的相處，有一套特殊的「頻率共振」理論。他說，人有生命，而生命與生命之間，會透過「生物波」互相作用。

如果心平氣和，則會出現漂亮的生物波。而所謂默契，也是因為生物波的關係。當人與人之間，彼此生物波的波形類似，才會共振，也因此才會有「物以類聚」的現象。

葉均蔚說，「人要修心養性。修行越高、心胸越寬廣、包容力越強，而生物波的頻段也就越寬，可以跟更多人共振」。他說，肚量大的人，才能做大官、成大事。如果一天到晚與人計較，不但無法獲得別人的支援，還可能被人一天到晚扯後腿，讓你疲於奔命。

知福、惜福，再造福

從大宇宙的角度看，葉均蔚說，人類與各種生物，經過漫長的演化，才好不容易來到這個世界。他說自己很欣賞慈濟「知福、惜福，再造福」這句話，希望以助人利他、幫助弱者，創造更好、共贏的環境作為人生觀。

他常提醒學生，不可自恃天賦聰明或外表俊美，因為那只是幸運。幸運的人不能只為自己而去掠奪、擠壓別人，反而更要以感恩、回饋的心，去做更多的貢獻，幫助別人。

葉均蔚表示，未來將繼續加強各種合金設計、微結構與性質的

研究，以高強韌耐蝕、耐火、超硬、硬面高熵合金，和功能性高熵鍍膜等技術，支持各種產業的創新應用。

清大材料系教職員工及眷屬澎湖之旅，葉均蔚與知心好友林春榮技正登上桶盤嶼，於玄武柱狀岩前合影

製造工程學　講究實務

關心產業創新發展的葉均蔚，經常幫助廠商解決問題。往往接到求助電話，就不計較報酬地前往工廠。他說自己樂於這麼做，心態上已把它當成是「社會服務」的一部分。他認為學校的研究團隊，應該多與產業接觸。越接觸、越了解產業需求，就能夠以學校的研究能量，包括人才、知識、設備，去協助產業。

除了材料的基礎課程，葉均蔚從十幾年前起，以自己從零開始建立一套完整系統的經驗，加上不斷累積的產業實務，為清大材料系首創「製造工程學」的課程。

他希望學生在認識材料之外，也能有產業概念以及應用性的學問，幫助他們與社會及產業順利接軌。他希望，年輕人能夠心平氣和，好好地走正路，努力充實自己並對社會人群做出貢獻，他說，

「這才是最正面的人生觀」。

經濟嚴峻　創新報國

　　台灣只有兩千三百萬人，資源有限，唯有靠產業創新，強化對外貿易，才會更加富有。葉均蔚認為，年長者有責任教導年輕人投入創新，推動產業提升競爭力，進而讓年輕人獲得更好的薪水及生活。

　　面對台灣的年輕人，葉均蔚則提醒要體認國家經濟情勢嚴峻，在學時要努力學習，打好基本功，「如果連基本學問都沒有學好，絕對無法做高階的創新」。他觀察到目前的台灣年輕人，普遍缺乏企圖心，為此感到十分憂心。

　　他提醒年輕學子，要有放眼國際、讀書報國的胸襟。也經常告訴學生，如果只是考試第一名，那是自我肯定而已。但如果能進一步發揮實力解決問題，實際做出創新、貢獻社會，那第一名才有真正的價值。

（註1）Elsevier 出版社，成立於 1880 年，總部位於阿姆斯特丹，是世界上最大的醫學與科學文獻出版社之一。

（註2）葉均蔚第二本發行國際的新書，High-Entropy Alloys, Fundamentals and Applications. Editors: Gao, M.C., Yeh, J.W., Liaw, P.K., Zhang, Y.　Springer publishing company.

台灣面臨國際競爭的壓力，年輕學子，要有放眼國際、讀書報國的胸襟。

—— 高熵合金之父暨清華大學材料系教授 **葉均蔚**

簡上仁

台灣音樂
採集創作的傳承者

致力台灣本土音樂採集、創作、教育、演出，近四十年。他獲得金韻獎的那首「正月調」，讓許多人記住了台灣早期的年節文化。他把推廣台灣民謠與音樂文化，當成志業。五十歲時辭去高薪，全心投入責任重大的傳承之路。

承台灣音樂　近四十年

2015 年 6 月底，台南市政府文化局與田園樂府樂團主辦「台灣風歌曲創作寫作班」，授課者簡上仁教授，為台灣本土音樂家，他也是田園樂府的創辦人。

簡上仁現任國立清華大學、台北教育大學及台北藝術大學教授，致力台灣本土音樂的採集、整理、創作、教育、推展及演出，已將近四十年。

小學扮布袋戲

1948 年出生於嘉義縣北端的大林鎮，簡上仁從小就展現多項天賦。就讀大林國小時，他自編、自導、自演，在下課後演出布袋戲，讓同學們看得目不轉睛。光寶集團前總裁林行憲，至今仍記得簡上仁這個小學同學，在班上演出布袋戲時的熱鬧情形。

授課中的簡上仁

簡上仁講三國演義關公的故事，同學急著了解劇情，經常問「死了沒？」他就會說「有死沒死，請看下回分曉」。簡

上仁邊演邊編，小小年紀的他，還特別準備了一本記事本，把劇中人物都寫下來，在劇中已經被他「講死了」的，就趕快劃掉。

　　多年後，簡上仁回嘉義故鄉表演，小學導師鄭錫如於演出後上台致詞。他說，簡上仁演布袋戲其實他都知道。雖然規定不能說台語，但他覺得這不是壞事，所以就睜隻眼、閉隻眼，假裝不知道。

音樂養分　源於母親

　　對許多新生代的學生而言，簡上仁教授是英國雪菲爾（Sheffield）大學民族音樂學博士、田園樂府樂團的創辦人，是一位

2005 年，簡上仁和英國 Sheffield 大學博士班教授 Dr. Jonathan Stock 合照，右為簡上仁的博士論文

致力於台灣本土音樂的藝術家。但是很少人知道，他在決定走音樂的路之前，所經歷的波折與故事。

簡上仁的母親是嘉義市人，由於父親長年在外地工作，喜愛歌謠的母親，在獨自照顧七個孩子的日子裡，時常吟唱童謠與搖籃曲，也常說「虎姑婆」這類的故事來哄孩子。回想起來，簡上仁最初的音樂養分，應該就是來自母親。

日據時代，母親初中畢業，還擔任過教師。她十九歲成婚，三十五歲時已經生了八個孩子，一個不幸夭折。簡上仁在家排行老三，上有一個哥哥、一個姐姐，接著還有兩個弟弟、兩個妹妹。

除了母親的影響之外，住家附近十分盛行的傳統戲劇與樂曲，從布袋戲、歌仔戲、陣頭及南管樂團，也給了簡上仁很多鄉土音樂文化的薰陶。（註1）

罰跪的記憶

「我媽媽是一位好母親」，簡上仁說，雖然小時候家境不寬裕，但母親總是把孩子們的衣服洗得乾乾淨淨，即使袖口都起毛邊了，還是漿燙得很好。母親告訴簡上仁，一時窮困沒有關係，但要窮得有志氣、有尊嚴。

除了衣著不能邋邋遢遢，母親對孩子們的品行更是嚴格。簡上仁記得，小時候被母親罰跪了好多次。有一回，學校要大家買鈣片，母親沒有答應。簡上仁看同學們都買了，所以就偷拿五塊錢去買。

後來母親發現了，簡上仁也老實承認，晚飯後吃飽了就被罰跪。一邊寫作業的簡上仁跪了快三小時，腰要挺直不能跪坐，一有鬆懈，母親的棍子就來了。儘管母親十分嚴格，但簡上仁跟母親感情卻很好。上了大學，不但經常寫信，還會買書寄回嘉義給母親。

迷上大英雄

初中，簡上仁考上嘉義中學，鄰居好友林清雄考進梅山中學。那時候，遇上電影開始流行。兩人經常結伴，看了不少電影。

日本電影的大英雄是小林旭，而美國電影的大明星則是「貓王」艾維斯‧普利斯萊（Elvis Aaron Presley）。兩位英雄都有一項頂級的魅力武器，那就是吉他。

林清雄和簡上仁兩個小男生，對電影大為著迷，對帥氣的男主角也很是羨慕。心裡不約而同升起了一股熱切的希望，就是「我要學吉他」。

人生第一把吉他

簡上仁擁有人生第一把吉他，最該感謝林清雄的慷慨。起先，簡上仁自己點滴存錢。上學途中，他經常繞遠路，為的只是多看兩眼櫥窗裡的吉他。

吉他原本定價160元。存到初一暑假，簡上仁已有80元。有一天，他又去看心愛的吉他，這一看不得了，吉他竟然漲價，漲到

180 元。簡上仁一急，就趕緊跑去找林清雄。

　　簡上仁邀林清雄合買吉他，林清雄也覺得很不錯，繼而問了價錢。聽完後，林清雄很大方地說，才 160 元，那就「你一把、我一把」吧！林清雄幫簡上仁的吉他，付了一半的錢。初一暑假七月十日，永遠難忘的一天，簡上仁有了第一把吉他。

到鬼屋苦練

　　一開始練習，音還不太準，在家彈吉他都要遭罵。這時，簡上仁就想到了住家對面，有一棟傳說中的鬼屋。

　　鄰居「泉州仔」是「南管」樂團的團主，家境很好，住著豪華的大宅第，台灣人稱為「大厝鼓」。宅院四周有圍牆，裡面還有人工水池、走廊及洋式建築，房子高三、四層樓，但卻傳說鬧鬼，所以泉州仔和家人就住到宅院的另一邊去。初一暑假，空曠又優美的洋房閣樓，成了簡上仁和林清雄每晚練吉他的好地方。

Ume 老師免費教學

　　簡上仁聽說大林有兩位會彈吉他的人，一位是皮鞋匠師傅，晚上會去餐廳伴奏，白天練習時，簡上仁就去偷學。接著，他又打聽到大林中學樂隊指導老師張英梅，學生們都稱他 Ume（日文：梅）老師。

　　簡上仁存了二、三十元，他央求只教成人的 Ume 老師同意收他

這個初二學生，讓他以僅有的學費，學半個月吉他。

　　兩個禮拜後，Ume 老師對簡上仁說，雖然他年紀最小，但有天分，也學得最好，他最喜歡教這種學生，因此決定不收學費。免費教了簡上仁三個月後，Ume 老師說，接下來是熟能生巧的功夫，要靠自己苦練。

那一夜　父親說

　　簡上仁的父親在外地做電器行生意。父親會自己配線組裝電

1954 年簡上仁就讀鳳山高中（約高二）

唱機，電器行裡，還有麥克風及音響。閒暇時，簡上仁也跟父親學著組裝收音機，看配線圖照著做，完成了，聽著聲音播送出來，感到無比開心。

　　就讀省立鳳山高中時，簡上仁跟父親住在租來的房子裡。房子二樓空著，他經常拿著喇叭上樓練吉他，也利用錄音機，在練唱時自己錄音聽聽看。

　　有一天，因為親戚來訪，簡上仁就和爸爸一起睡。這一晚，爸爸告訴簡上仁，「好天要積雨來糧」，也就是未雨綢繆的意思。父

親說，我們的資源要儲存起來，不要一次用盡，要像糖蔥那樣拉得很長，再切成一小段慢慢吃。如此不但可以存活、成長，甚至有機會累積更大的糖蔥。簡上仁把父親這番話牢牢記住，養成節制用錢的習慣。

自學有毅力

跟 Ume 老師學了三個月吉他後，簡上仁開始自己練習，他很希望能找到吉他練習的教材。有位鄰居的父親日本時代學過吉他，有一本吉他教本。民國四十八年，台灣發生災情慘重的八七水災，在那本泡了水的吉他教本即將被鄰居丟棄之際，簡上仁趕緊說，「可以的話，就請送給我吧」！

他小心翼翼地把黏在一起的書頁攤開，這本珍貴的吉他教本，成了簡上仁的學習寶典。資源匱乏的環境中，簡上仁靠著孜孜不倦的學習精神，打下古典吉他的底子。

大三思考未來

就讀逢甲大學時，簡上仁組了熱門樂團，演唱西洋歌曲。大三暑假前，由東海、中興、靜宜及逢甲大學共同舉辦的聯合畢業晚會，在台中空軍俱樂部舉行，簡上仁的樂團應邀演出。

表演完畢回到住處，天色已晚。夜色寂靜地灑在田埂上，簡上仁想，我們今年送人畢業，明年換誰來送我們呢？他想著畢業以後

的出路,也想著該如何延續對音樂的熱情。

「唱英文歌曲,怎麼唱也輸外國人」,這樣一想,讓簡上仁決定選一條不一樣的路,雖然還沒有具體的計劃,但這個晚上,他決定了畢生追求的方向,從西方音樂走回台灣的音樂原鄉。

報考公務人員

台灣的音樂與戲曲,原本是小時候耳濡目染,如今,卻成了簡上仁對自我價值的追求。上了大四,他開始搜集資料,著手整理。另一方面,他也需要有一份穩定的工作,才能利用閒暇,繼續音樂之路。於是,簡上仁決定報考公務人員。

大學還沒畢業,簡上仁就參加了公務人員普考,第一年就考上了。大學畢業,他先到台灣銀行上班一個月,之後他通過特考,轉任合作金庫。再三個月,他又考入海關。

海關的收入,於公職人員薪資體系,算是較高的。所以簡上仁到海關任職後,就不再為經濟擔憂。而穩定的工作,也讓他更積極地投入藝術之路。

一度想當畫家

年少時,對未來充滿想像,也充滿未知。簡上仁從小展現多項才華,除了布袋戲自編自導、彈吉他、組樂隊外,書法與美術也表現得不錯。

　　他分析自己，雖然會彈吉他，但唱歌不怎麼好聽，加上大學讀的是財稅系，不是音樂正科班，無論是演奏、作詞、作曲，或加入別人的樂團，都有許多不確定因素。所以，一開始，簡上仁心中想當畫家的意願比較強。直到獲得金韻獎，他才從此轉向音樂。

第一屆金韻獎

　　「維護與發揚台灣音樂文化的志業，從 1977 年後就展開了」，簡上仁說，1977 這一年，是他生命中，相當關鍵的一年。

　　當時在高雄海關工作的簡上仁，得知第一屆「金韻獎」接受報名，就利用工作閒暇，寫了一首「正月調」參加比賽。歌詞描述農曆新年，從大年初一到十五元宵的台灣年節文化。

詞、曲：簡上仁

初一早啊，初二早啊，初三睏甲飽；
初四接神，初五隔開，初六是挹肥。
初七七完，初八完全，初九天公生日；
初十食食，十一請女婿。
十二請查某子仔、轉來食鹹粥仔配芥菜，
十三關老爺生，十四月光，十五是元宵暝。

　　初選，簡上仁寄了一卷錄音帶到台北，主辦單位不久就通知他通過審核，並要求他本人到現場演唱，參加複賽。

　　簡上仁知道自己會怯場，於是又再重錄一卷錄音帶寄給主辦單位，並表明不到現場。複賽階段，主辦單位看簡上仁沒有出現，曾一度非常猶豫要不要淘汰他。但後來這首「正月調」以高度的原創性，獲得評審的青睞而通過複賽。

　　主辦單位又再一次聯絡簡上仁，希望決賽時，他一定要親自到場。當時主辦金韻獎的是 SONY 台灣分公司「新格唱片」，他們在電話中強調，如果簡上仁不到現場演唱，對其他參賽者不公平。不管對方如何說服，從未登台過的簡上仁，還是堅持不肯出席。

　　此時簡上仁的同事們知道了這件事，就湊錢買了高雄台北的來回機票，悄悄放在信封內，鼓勵他勇敢參加決賽。感到盛情難卻的簡上仁，這才勉為其難，硬著頭皮，前往台北。

　　決賽時，評審團中，有一位知名音樂家林二，在簡上仁開口唱的時候，驚訝得站了起來。因為當時大家都唱國語歌，唯獨簡上仁與眾不同，而且還唱得很有味道。這一唱，簡上仁就順利通過決賽，獲得金韻獎。

使命感油然而生

　　得獎後的簡上仁，成了民歌手，經常四處演出。一次又一次的表演，簡上仁都是唯一的台語歌手，這讓他漸漸對台語歌曲，有了

一份責任感，他覺得自己應該好好推展台灣民謠，要把這件工作承擔起來。

　　簡上仁注意到，由於大環境對台灣本土音樂不重視，甚至刻意壓抑，因此，台語歌曲漸漸往社會中下階層發展。幾乎大多數都描寫粉味、酒味，或黑社會江湖味的題材。簡上仁回想起台灣祖先留下來的優美旋律，使命感油然而生。

　　為了提升台語歌曲的質感，簡上仁從歌詞內容著手，他選用了詩人向陽描寫親情的新詩「阿爸的飯包」及「扮布袋戲的姊夫」，加以改編並為之譜曲。而林邊作詞的「心情」，加上簡上仁譜的曲，由潘越雲演唱，紅遍了大街小巷。

　　另一方面，簡上仁也努力充實自己。他廣泛研讀台灣歷史，並開始進行田野調查的工作。

陳達忘年交

　　從事田野調查期間，簡上仁讀到許常惠、史惟亮、呂炳川這幾位音樂家前輩的作品。1967 年，史惟亮和許常惠帶著學生到處採集民歌，他們在恆春找到抱著月琴、自彈自唱的陳達。從此二人積極保存陳達的演唱，包括邀請他錄製了二張唱片，並安排他到台北演出，資助陳達的生活，陳達也因此受到矚目。（註 2）

　　1978 年 12 月 16 日，七十三歲的陳達，應雲門舞集邀請，為

2010 年，紅樓唱講台灣民謠的再生與希望

林懷民描述先民開拓台灣的舞劇「薪傳」伴唱。由於嘉義是明代先民來到台灣建立基業的開端，因此雲門別挑選嘉義體育館，作為「薪傳」首演的地方。

　　許多嘉南平原的觀眾，包括農夫、教師、學生，很多人當天都是第一次看到這樣打動人心的演出。隔年元月，陳達到台北國父紀

念館，為「薪傳」現場伴唱，演出延長了三場，造成很大的轟動。

　　而身為陳達忘年之交的簡上仁也說，「陳達極富生命力的歌聲，結合雲門舞集的『薪傳』，感動了許多人。台灣鄉土音樂能夠延續繼起的生命，陳達的貢獻功不可沒」。簡上仁也在 1978 年底，陪陳達參加中國電視公司「蓬萊仙島」的節目共同演出。

恆春紅目達仔

　　發掘陳達的史惟亮在他的書中說，要找陳達很簡單，只要搭公路局的車到恆春，下車後隨便找一位計程車司機問，沒有人不知道的。簡上仁就依照這樣的資訊，於 1978 年，利用假日到恆春，首度拜訪陳達。

　　到了恆春，一問之下，計程車司機竟不認識陳達是誰。簡上仁趕緊描述說，就是彈著月琴唱「思想起」的那個人，司機喔了一聲回答說，我們都叫他「紅目達仔」。

　　在恆春，說要找「紅目達仔」，那就人盡皆知了。陳達曾在二十九歲犯了一場大病致半身不遂，他有輪迴的觀念，自認可能前生造孽太深，所以遭老天爺處罰，他因此懷著行善的心，到處走唱。

　　無論是婚喪喜慶或是誰家有人生了小孩，陳達都會前去獻唱。甚至鄉民在種田時，也能聽到陳達在大樹下唱歌。由於陳達患有眼疾，因此鄉民都稱他「紅目達仔」。

日復一日的走唱，陳達讓鄉人十分讚嘆的是，他總是能夠依人事時地，即興唱出令人印象深刻的歌曲。到了六十五歲時，原本手腳不方便的他，竟然奇蹟似地復原，讓眾人無不嘖嘖稱奇。

2011 年，田園樂府音樂會「咱的故事咱的歌」

「陳達的故事，說一天也說不完」，簡上仁跟陳達認識後，多次安排他到台北演唱，兩人同台演出，簡上仁還將表演所得，都給了貧困的陳達。1981 年，陳達在恆春因為過馬路出了車禍去世，享年七十六歲。

用生命唱歌

簡上仁說，陳達不識字，家裡也沒有電話，每次聯絡他都要打電話到鎮公所，先找他的鄰居，再透過鄰居轉達。

　　無法閱讀的陳達，所演唱的歌詞，都是腦海裡收集的故事，全憑記憶傳唱。陳達唱起歌來，曲調動人，而且還經常有一番音樂哲人的味道。簡上仁坦言，陳達唱歌的方式與聲音的結構，對他很有影響。

　　「我從他身上學到，要吸引人，就要用生命唱歌」，簡上仁說，自己一直覺得歌聲不夠好，曾經對演唱很沒自信，但陳達讓他體會到唱歌時真情流露，用所有生命闡釋歌曲，就是最動人的地方。

　　除了陳達，簡上仁在恆春還認識很多台灣音樂素人。另外一位民謠歌手朱丁順，也是把歌詞都記在腦子裡。朱丁順總是以「思想起」的曲調填詞，每次想到歌詞，就盡量記在腦袋裡。對他而言，創作一首歌，往往是累積了很多年的成果。

第一本書熱賣

　　簡上仁一方面做田野調查，採集、吸收台灣音樂的元素，另一方面則繼續音樂創作。林二籌畫的演出活動，經常找簡上仁參加，兩人繼而合作，於1978年出版了「台灣民俗歌謠」。（註3）

　　書中由簡上仁介紹傳統歌謠，而比

第二本著作「台灣民謠」

簡上仁年長十四歲的林
二,則介紹 1930 年代
以後的創作歌曲與流行
歌。這本書前所未見地
介紹歌曲創作的故事、
作者生平,以及藝文評
析,出版後很受歡迎。

　　簡上仁發現,學校
沒有教的台灣民謠,簡
直就像一座寶山,越是
挖掘,越是驚嘆它的豐
富。簡上仁對此一方面
覺得興奮,另一方面也
感到自己的不足。他的
第二本書「台灣民謠」,

1990 年,簡上仁在自家老鋼琴旁

由台灣省政府出版後,他接著認真自修,準備報考師範大學的音樂
研究所。

三年考取音樂研究所

　　報考師範大學音樂研究所,需要識譜彈奏鋼琴。沒有鋼琴基礎
的簡上仁,利用海關禮堂的鋼琴,在下班時勤加練習。雖然學過吉

他，能夠識譜，但簡上仁彈起鋼琴速度稍慢，指法也不正確。

　　幸好主考官許常惠教授十分欣賞簡上仁，他覺得簡上仁鋼琴雖然彈得慢，但還都可以彈得出來，加上他知道簡上仁一直在做台灣音樂採集與創作，覺得這樣的人來讀音樂研究所最好。

　　簡上仁向許常惠拜師，向他學習樂曲分析。他買來很多錄音帶，反覆地聽，努力學習從未接觸過的管弦樂及鋼琴曲分析。相較於大部分考生都是應屆畢業，已經三十歲出頭的簡上仁，是年紀最大的。他自創一句名言「久考必中」來鼓勵自己，持續努力考了三年，終於如願考進師範大學的音樂研究所。

台灣福佬系民歌淵源

　　花了二年時間，簡上仁修完師大音樂研究所的課。接著，他又以二年時間準備碩士論文，探討台灣福佬系民歌的淵源。這段期間，簡上仁發現，原來很多台語民謠，都來自於原住民。

　　早期，漢人到台灣，一開始都是年輕男性。加上有一段時間，清朝也限制女人不能到台灣，所以就變成「有唐山公，沒有唐山媽」的情形。

　　這些年輕人大多是羅漢腳（單身漢），他們幫地主做事，而地主就是居住在台灣西部平地的原住民，他們受漢人影響較深，因此稱為「平埔族」；相對地，住在高山，受漢人影響較淺的原住民則稱為「高山族」。

平埔族屬母系社會，這些漂洋過海來到台灣的年輕人到了適婚年齡，往往聽從地主安排，入贅平埔族。後來由於漢人越來越多，父系社會的力量，才逐漸凌駕。

簡上仁 1991 年出版「台灣福佬系民歌的淵源及發展」

這樣的大環境，影響了台灣歌謠。「漢人把原住民的曲調，填入台語的詞」，簡上仁說，台灣有四大語系，原住民的南島語是「語調性」語言，而華語（滿洲語、國語）、河洛語（台語）及客語，都是「聲調性」語言。

簡上仁舉例，「恆春調」就是原住民的曲調，被台語的聲調影響，經過一番融合，產生質變的典型作品。許多台灣民謠就像這首「恆春調」，是台灣族群間融合的結晶。

成立田園樂府

1983 年，簡上仁成立「田園樂府」樂團，希望進一步以團隊的力量，推動台灣音樂文化。田園樂府成立後，隨即參加台灣省秋季藝術季，透過台灣省政府教育廳的安排，前往各縣市演出十七場。

簡上仁要求主辦單位，讓田園樂府的第一場表演，由他的故鄉嘉義出發。簡上仁說，取團名時，他特別選用「田園」二字，意思

就在強調田園是大家住的地方，是我們的家。所以，樂團的巡迴表演由自己生長的嘉義出發，唱土地的歌，顯得特別有意義。

當時嘉義縣縣長何嘉榮，負責替樂團安排演出場地，找到了大林中學的禮堂。學校一聽是縣長要來，表演的樂團又是省政府安排的，於是就慎重請出樂隊老師，負責演出的音響。

正式表演前，樂團跟音響配合彩排，簡上仁前往溝通時才發現，負責音響系統的，正是自己多年不見的恩師，是簡上仁初二時，免費教他吉他的張英梅，Ume 老師。

與二位恩師重逢

Ume 老師對簡上仁說，他看到自己帶出來的學生，居然返鄉來表演，讓他感到很光榮。樂團演出後，即將謝幕之際，有一個人突然從聽眾席跑了出來，手上拿著一包東西，用報紙包著。他大聲喊說，「等一下！我有話要說」。

這位老師，是簡上仁小學五、六年級的導師鄭錫如，是對簡上仁影響很大的恩師。多年不見的鄭錫如老師，看來相當興奮。他在地方上德高望重，多次獲得嘉義縣傑出教師的表彰。

他上台致詞，很開心看到自己的學生回故鄉來演出，說著就打開手中的報紙，裡面的禮物，是一尊希臘女神，還抱著一個時鐘，當場送給簡上仁。

二位老師對於簡上仁不忘本，感到相當欣慰。而簡上仁則是作夢也沒想到，自己能與二位恩師，在這場音樂會上重逢。

2003 年，簡上仁回大林國小演講，鄭錫如老師也出席了。2013 年他再回大林演出，特

1983 年，簡上仁組成田園樂府樂團

別前往老師家中探望。回想小時候，成長過程遇上困頓，不知如何是好時，簡上仁就會寫信給鄭錫如老師，老師也會回信，對簡上仁照顧有加。

第一次上台

簡上仁還記得第一次上台演唱的往事。他從高雄帶著吉他到台北國父紀念館，一路上都很緊張，感覺一顆心幾乎快要從喉嚨跳了出來。

經驗老到的民歌手潘麗莉，熱心指點簡上仁。她建議出場時，如果感覺緊張、心跳加速，就大口深呼吸放鬆一下，等到不緊張了

再開唱，效果才會好。（註4）

簡上仁上台如法炮製。無奈深呼吸一口氣之後，還是很緊張。他擔心耽擱太久，心想乾脆就開唱吧！結果太過緊張的他，把合弦全忘光了，演唱三首歌，從頭到尾就只靠一個合弦。

藝文人士相互提攜

為了推展台灣音樂，簡上仁向海關提出申請，從高雄轉調台北任職。但大環境卻對有心推廣台灣本土音樂的簡上仁，給了嚴峻的挑戰。早期政府規定，電視台與FM廣播電台的語言，皆以國語為主。堅持唱台語歌謠的簡上仁，在大眾傳播媒體的曝光機會，相當有限。

林懷民曾經熱心地找了好幾個團體，籌辦社區和校園巡迴演唱會，他知道簡上仁來到台北，很快就邀請他加入演出。簡上仁說，「林懷民可能知道我這種人需要幫忙吧」！林懷民也找來民歌手潘麗莉和簡上仁搭檔演出。後來潘麗莉也成為田園樂府的主唱之一。藝文界人士的彼此扶持，讓簡上仁感覺十分溫暖，也是支持他不斷創作的力量。

終於克服怯場

既然下定決心要當民歌手，推展台灣民謠，簡上仁覺得自己應該要敬業。他反省自己最大不足的，就是上台演唱時，總是怯場。他想，如果自己上台總是緊張、沒自信，誰還能對台灣民謠產生興

趣呢？他苦思著，該如何改善怯
場的缺點。

　　每回演唱會，簡上仁總是要
求主辦單位不要安排他第一個上
場。他會悄悄跑到前台看別人表
演，一邊打開耳朵，聽觀眾們在
聊些什麼。等到自己上台，簡上
仁會把剛剛聽到的觀眾對話，融
合成笑話來講，沒想到觀眾反應
出奇的好。群眾的笑聲，大大紓
解了簡上仁的緊張與壓力，也讓
他越來越有自信。

2013 年簡上仁重回嘉義大林演出

　　第二個要加強的，簡上仁認
為是自己的聲音。他為此去找左營中學一位聲樂老師，號稱是高雄
最好的聲樂家拜師。他請這位聲樂家曾老師教導他如何運氣發聲，
經過這一番訓練，簡上仁從此也找到了對聲音的自信。

啟動良性循環

　　簡上仁對自己的期許相當高，他希望自己除了敬業，也能給人
專業的形象。他廣泛閱讀台灣音樂的相關資訊，上台演出前總是在
後台專注地練習發聲。介紹歌曲時，總能把相關背景與故事，說得

頭頭是道。

　　演唱台語歌的歌手本來就不多，簡上仁的獨特性，加上他也學會說笑話，掌握全場氣氛，因此很受到觀眾歡迎。漸漸地，上台演唱，再也不會使他畏懼。

　　從怯場、排斥上台，到能夠從容演唱，甚至掌握觀眾的情緒，這中間的努力與轉變，讓簡上仁體認到一件事，就是所謂的良性循環與惡性循環。他先做好萬全的準備，接著從掌聲中獲得自信，克服了緊張。有了信心之後，他更賣力準備，而觀眾的掌聲也越來越大，一次又一次給了簡上仁鼓勵。

　　「如果當初不認真，無法呈現專業的表演水準，眼看著自己比別人差，觀眾反應不好，就會越做越怕，進入恐怖的惡性循環」，簡上仁說。

純粹音樂　無關政治

　　還在海關任職時，曾經有位長官問簡上仁，為什麼專門要做台灣音樂呢？由於當時政治氣氛使然，主張推動台灣文化的人，很容易一不小心就被冠上具有台獨傾向。

　　簡上仁很客氣地向長官提出說明。他述說自己的成長經歷與家庭背景，絲毫沒有政治牽連。加上從小就喜歡台語歌謠，長大後也曾演唱過西洋歌曲，並認識許多中國民謠，但總覺得自己對台灣民

謠充滿了熱情，不但是興趣，甚至覺得這是老天爺的安排。主管被簡上仁這麼一說，加上看他平日工作認真，這才對他莫可奈何。

五十歲辭去高薪工作

拿到音樂碩士學位後，簡上仁開始利用下班時間，到學校授課，講授「台灣民謠與文化」等相關課程。海關的工作一直持續著，直到五十歲，他毅然決定辭職。

很多人好奇他做出轉變的動機。簡上仁說，如果人生百歲，那

1998 年，簡上仁從財政部海關榮退，專心推展台灣音樂文化

麼從五十到七十歲的這二十年，是他最後的精華期。他不想再朝九晚五，希望把更多時間與精神，全部集中在一個目標上。他說，「海關的工作，我不做別人會做，可是台灣音樂的工作如果我不做，會做的人比較少」。

　　辭去海關的工作，只靠學校鐘點費及不定期的演講費，簡上仁的收入一下子少了很多。所以，起先簡上仁的太太，對於他辭職的想法，並不贊成。

　　但簡上仁希望太太理解，他需要更多時間專注創作。加上孩子已經漸漸長大，收入少一些，並不會影響生計。最後，簡上仁靠著堅定的意志力，獲得太太的支持。

朝向目標　堅定前進

　　求學時期，簡上仁在運動場上十分活躍。他擔任鳳山高中足球守門員時，總是渾身解數、奮不顧身地接球。打起籃球，他是身手敏捷的前鋒，跑步快、投球準。至於跳遠，他除了賣力，還特別買書來研究，觀察別人怎麼跳，自己練習如何在空中靠腰力挺身，曾獲高雄縣冠軍。

　　運動競賽的過程，讓簡上仁體會到，每項運動最後能夠致勝，通常最關鍵的不是技巧，而是運動精神和毅力。他告訴自己，也許自己的音樂天份還不到天才的層次，但勤能補拙，只要持之以恆，時間終究能夠累積出成績。

　　簡上仁也認為，每個人的時間與精力有限，應該要選定目標，「簡單，深入，不能遷移，不能轉向」。1977 年獲得金韻獎，讓他決定要走音樂藝術的路，此後，他更拿出運動時的奮戰精神，堅定前進。

扭轉挫敗的生命力

　　對於台灣民謠的創作與推廣，簡上仁最大的心願，就是傳承本土音樂與文化純粹之美。他自清於政治恩威之外，即使因此收入有

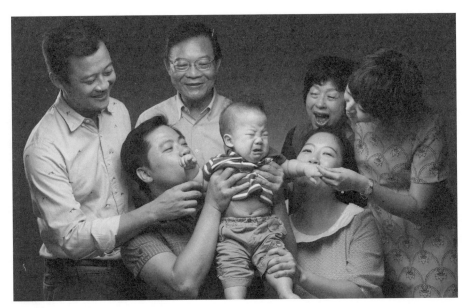
全家福

限，也不改其志。

簡上仁說，「人生哪有一直順遂的呢？成功要靠累積失敗的經驗，只要掌握目標與核心價值，一次比一次進步，就能邁向成功」。

對他而言，遭遇過最大的挫敗是什麼呢？簡上仁說，是「大環境」。曾經，台語布袋戲，創下台灣電視收視率超過 90% 的驚人紀錄，但隨著政府從 1974 年，限制電視台不得使用台語之後，也連帶扼殺了台語歌曲的舞台。

獲得金韻獎，也受邀到處演唱的簡上仁，經常只有農曆新年，才有機會受邀上電視演唱「正月調」。其他時間受限於法令，電視台一天最多只能播出兩首台語歌，因此簡上仁少有機會出現在電視與 FM 廣播電台。

對於無可改變的大環境，簡上仁選擇逆來順受，夾縫求生。他不參加任何政黨活動，也不讓自己的作品與政治連結，而把大部分時間都投注在音樂上，時時把握自我的核心價值，謹記自己的目標與使命。

建議三十歲定好目標

各所大學為學生開設多樣化的通識教育課程，簡上仁覺得十分重要。教學認真的他，不但很受學生歡迎，也讓他獲得清華大學傑出教學獎的肯定。

簡上仁認為，通識教育能夠讓年輕人多方面涉獵，不但能給自己在確立人生方向之前，打開眼界，有更多的選擇，而且也能讓自己的人生，更為豐富。

他提醒年輕人，不要太晚決定要走的方向。「大約在三十歲以前，就要做好決定」，簡上仁以自己的經驗說，在此之前每個人大可嘗試各種不同的跑道，任何跑道都可能對你有一些幫助。但也不能太慢決定，如果遲遲沒有訂下目標，就無法累積。

他強調，唯有朝著一個目標不斷努力，累積久了才可能變成專家，成為該領域表現傑出的人。

2013 年 6 月，簡上仁指導的研究生畢業

中廣開講　得金鐘

　　大環境變得自由開放之後，簡上仁有機會受廣播電台邀請，成為節目嘉賓。中國廣播公司閩南語廣播網的知名主持人陳美枝，在多次採訪簡上仁後，就大力推薦電台，讓他主持節目。

　　累積了很多素材與故事的簡上仁，在廣播節目中如魚得水。在他主持的「台灣音樂之旅」節目中，簡上仁一系列介紹台灣傳統民謠與採集的故事，不但宣揚了珍貴的台灣文化，也獲得中廣推選，參加廣播金鐘獎「非流行音樂」類的角逐，同時參賽的還有許多古典音樂節目。

　　2002 年，五十五歲的簡上仁以中廣的「台灣音樂之旅」節目，一口氣拿下金鐘獎「非流行音樂節目」及「非流行音樂主持人」兩座獎盃。頒獎典禮在台北市中山堂舉行，上台時，簡上仁外表強自鎮定，緊張之餘，竟然忘了感謝太太與家人，至今仍不時被往事重提。

　　回顧當時上台領獎的心情，簡上仁說自己終於幫台灣音樂更上一層樓，覺得這是公益，所以個人的喜樂沒有那麼強烈。另一方面，他也覺得自己真的很努力，所以得獎一點都不覺得僥倖。

　　簡上仁多年的努力，讓他獲得從小到大的三所母校，大林國小、嘉義中學及鳳山高中頒發傑出校友的榮譽。2004 年，全球華人中華文化藝術薪傳獎，也頒獎給他。

創作力旺盛

從創作力的角度看，簡上仁可說是台灣名列前茅的音樂家。六十八歲的他，至今仍不時有新作品發表。對於未來，他想出版的有聲書及書籍還很多。

音樂方面，簡上仁創作了「南台灣的土地之歌」、「咱兜」、「台灣的囡仔歌」及「來唱囡仔歌」等 CD 專輯，歌曲作品高達 500 餘首。其中，「台灣的囡仔歌」一套有三片 CD，還獲得優良唱片金鼎獎。

台灣囡仔歌（CD 專輯三片一套），獲得優良唱片金鼎獎

2009 年，簡上仁出版 CD 專輯「咱兜」，意思是「我們的家」。簡上仁說，這張 CD 的創作動機，在於講述四百年前，由原住民、福佬人與客家人，共同建立了一個「老台灣」。六十幾年前，台灣移入新住民，被稱為「外省人」。如今四大語系族群融合，共同為建立一個新台灣而努力。

咱兜（CD 專輯）

2015 年 5 月，鳳甲美術館舉辦了一場音樂餐會，主辦人是該館創辦人邱再興與光寶集團前總裁林行憲，會中邀請簡上仁現場表演。

簡上仁的著作，左起「台灣音樂之旅」、「台灣福佬語語言聲調與歌曲曲調的
關係與創作之研究」、「老祖先的台灣歌」、「心內話」、「綠島民間歌謠」

由於簡上仁看了邱再興剛發表的新書「捨得」，書中描述邱再興成
長、奮鬥與創業的故事，讓簡上仁深受感動。

　　他創作了一首「賣枝仔冰」，於當晚首度發表。簡上仁的詞曲
傳神，演唱生動，一首歌的時間，彷彿就把觀眾帶往邱再興的童年，
在基隆，遇見那個不怕吃苦的孩子。

　　簡上仁被問起創作一首歌曲，需要多久，他說，歌詞醞釀需要
時間，如果沒有透過閱讀，產生感動，就沒辦法進入創作階段。

　　除了音樂創作與 CD 專輯外，簡上仁也出版了許多書籍，包括
「台灣民俗歌謠」、「台灣民謠」、「台灣的傳統音樂」、「台灣
福佬語語言聲調與歌曲曲調的關係及創作之研究」、「台灣鄉土兒
歌合唱曲集」、「台灣福佬系民歌的淵源及發展」、「台灣詩歌選
集」、「說唱台灣民謠」、「台灣福爾摩沙之美」、「台灣音樂之旅」、

「老祖先的台灣歌」、「心內話」及「綠島民間歌謠」等，每一本都是他傳承台灣音樂文化的用心。

傳承　喜見學生作品

　　2014 年，簡上仁又出版了「南台灣的土地之歌」。這張 CD 專輯的十首歌，作曲者皆為簡上仁，作詞方面，則看到他指導學生的作品，讓人感受到簡上仁努力傳承、投入教育推廣多年的成績。

　　十首歌之一，「飲水嘛甜：嘉南平原」的作詞者陳怡君，是簡上仁在高雄衛武營講授「台灣風創作歌曲研習班」的學員。陳怡君的文字清新可喜，描繪嘉南平原「田野開闊幾千里」、「人心朝直無猜疑」，所以「飲水嘛甜」。

1985 年簡上仁於南鯤鯓塩分地帶文藝營授課

　　而由郭文卿作詞的「衛武營」，呈現高雄人苦心爭取，把軍營「兵仔營」變成「文藝營」的努力過程。讓人對衛武營轉型成為「現代營」、「藝術營」，以及「歌舞、話劇、音樂廳」，充滿期待。

　　簡上仁找到一張三十年前的老照片（見前頁）。這是他 1985 年到台南市南鯤鯓塭分地帶文藝營授課後，與學員們的合影。他說，投入台灣音樂創作，需要多樣化的知識累積。他從認識的台灣美術家、文學家與歷史學家，學到很多。1985 年的這場文藝營活動，就讓簡上仁有機會認識了台灣著名小說家楊逵。

　　那回文藝營期間，大家都住在南鯤鯓代天府提供的宿舍，楊逵和簡上仁都很早起，兩人遇上了就開始聊天。簡上仁聽楊逵說了很多故事，都是台灣走過的路。

鯽仔魚欲娶某

　　2014 年簡上仁率領田園樂府回嘉義演出「台灣民謠花再開」，引起不少迴響。表演結束後，與嘉義縣表演藝術中心主任張世杰約定，來年將繼續推出新作品。

　　長期以來，簡上仁一直想為台灣的孩子，寫一部本土素材的歌唱劇。經過醞釀、累積、反覆修潤，終於在 2010 年寫成故事，再改編成劇本。簡上仁接著花時間為整個故事寫詞、譜曲、編唸謠，終於完成台灣第一部台語兒童歌唱劇「鯽仔魚欲娶某」。

　　2015 年，這齣「鯽仔魚欲娶某」，由嘉義縣梅山鄉梅北國小

2015 年，簡上仁率「小夯爐兒童劇團」，演出台語兒童歌唱劇「鯽仔魚欲娶某」，右三為嘉義縣縣長張花冠

32 名「小夯爐兒童劇團」的學童，完成了這場史無前例的演出。嘉義縣縣長張花冠十分開心，她說「這是我們嘉義人，自己一手包辦完成的演出」！

老文化傳給小演員

　　作品第一幕，以一棵四百歲的大榕樹開場。劇中細膩描寫台灣土地上的各種動物、昆虫及水族生物。大家為了生存，難免相互殺

戮。但當大夥齊聚榕樹下，慢慢就學會了彼此尊重、體貼與包容。

　　這齣活潑熱鬧的兒童歌唱劇，蘊含著簡上仁的精心設計。台灣的文化思維與鄉土元素，已悄悄注入孩子與觀眾們的心中。

　　簡上仁說，自己研究、創作並推展台灣音樂，並不是劇作家，但他以著一股熱情，完成這部作品。他希望自己，在傳統與創新之間，做一個台灣音樂的傳承者。

（註1）南管，起源於中國福建泉州，又稱為泉州南音。

（註2）陳達（1906-1981），屏東恆春出生，台灣彈唱民謠歌手。1967年為史惟亮和許常惠發掘後出版「民族樂手：陳達和他的歌」及「陳達與恆春調說唱」二張唱片，並四處演出而大受矚目。1981年車禍過世，享年七十六歲。

史惟亮（1925-1976），生於遼寧省，民族樂派作曲家。為陳達編著「民族樂手：陳達和他的歌」，由洪建全文教基金會出版。

許常惠（1929~2001），彰化和美出生，台灣知名音樂家及教育家。為陳達編著唱片「陳達與恆春調說唱」由第一唱片公司出版。

呂炳川（1929~1986），澎湖出生，1962年負笈日本，為台灣第一位民族音樂學博士。多次深入台灣山區蒐集、調查原住民音樂，對民歌採集與田野工作做出重要貢獻。

（註3）林二（1934~2011）出生於苗栗的台灣音樂家，致力於台灣鄉土音樂及音樂教育。是台語流行歌曲「相思海」的作曲者。林二與簡上仁合著的「台灣民俗歌謠」，由眾文圖書公司於1978年出版。

（註4）潘麗莉，台灣民歌手。中山女高畢業後曾在西餐廳及夜總會駐唱，開啟研究各國民謠的興趣，能演唱超過16種語言的歌曲，唱紅改編自韓國民謠的「花戒指」。2012年8月20日因肺腺癌辭世，享壽六十二歲。

朝著一個目標不斷努力，累積久了才可能變成專家，成為表現傑出的人。

—— 台灣民謠音樂家　簡上仁

宏津數位

津津有味的產業故事

國家圖書館出版品預行編目資料

不一樣的路：夢想之境 沒有地圖／王麗娟著 . -- 初版 . --
新竹市：宏津數位科技 , 2015.12
292 面；17×23 公分 . --（產業人物；A003）
ISBN 978-986-89590-2-6（平裝）

1. 臺灣傳記 2. 產業人物

783.31   104026737

宏津數位 典藏津津有味的產業故事

Wa-People 產業人物 數位內容中心

■科技產業「人」與「事」
■值得關注的、值得鼓掌的、值得感謝的……

宏津數位 專業團隊　　Since 2008

◆產業故事採訪　◆產業文稿撰述
◆產業人物攝影　◆產業專書出版

團體訂購：企業機關、學校團體訂購，享優惠

讀者服務：電話 03-575-2220
　　　　　　Service@wa-people.com
網　　址：http://www.wa-people.com

夢想之境　沒有地圖

不一樣的路

作　　者：王麗娟

攝　　影：古榮豐、蔡鴻謀、黃輔仁、許育愷

編　　輯：李慧臻、洪瑞英、陳文玲、賴麗秋

美術編輯：陳芸芙、陳儀珊、洪琪雯

責任編輯：產業人物 Wa-People 編輯部

出版公司：宏津數位科技有限公司

　　　　　新竹市 300 東光路 42 巷 22 號 2 樓

讀者服務：TEL：03-5752220

　　　　　FAX：03-5752790

　　　　　Service@wa-people.com

法律顧問：兆里國際專利商標事務所 林正杰律師

郵政劃撥：戶　　名：宏津數位科技有限公司

　　　　　帳　　號：50258600

印　　製：驊佑科技有限公司

總 經 銷：紅螞蟻圖書有限公司

地　　址：台北市 114 內湖區舊宗路 2 段 121 巷 19 號

電　　話：02-27953656　　傳真：02-27954100

初　　版：2015 年 12 月　　二刷：2016 年 2 月

定　　價：395 元

ISBN ：978-986-89590-2-6（平裝）

書　　號：產業人物系列 A003

宏津數位 Wa-People 產業人物　http://www.wa-people.com/